Las CiberCampañas Electorales:
Triunfar en el ciber espacio para ganar el poder

Andrés Valdez Zepeda

Índice de contenidos

1) Las ciber campañas en América latina: potencialidades y limitantes

2) La política en la era punto com

3) Las redes en las campañas electorales

4) Tecnomarketing político

5) Ciber campañas electorales y calidad democrática

Las ciber- campañas en América Latina:
potencialidades y limitantes

1. Introducción

Las cibercampañas electorales se están institucionalizando como una nueva forma de hacer política en América latina, producto de la socialización de las nuevas tecnologías y de los procesos de consolidación democrática, además del aprendizaje que se ha obtenido del ejemplo que han dado las naciones desarrolladas, como Estados Unidos de Norteamérica y España, respecto de su funcionalidad y eficiencia.

Los ejemplos de Argentina, Brasil, Chile, Colombia, México y Venezuela muestran que este tipo de campaña es cada día más utilizado por los partidos y sus candidatos en la región, ya sea para tratar de ganar un mayor número de votos a su favor o para tratar de quitárselos a sus opositores.

En este sentido, bien se puede asegurar que las campañas digitales, como también se les conoce a las cibercampañas, llegaron para quedarse en América latina, cuyo nivel de socialización tecnológica avanza a pasos agigantados. Sin embargo, este tipo de campañas tiene sus limitantes para lograr sus objetivos, ante un electorado con bajos niveles educativos y cada día más decepcionado de la clase política.

En este primer capítulo, se realiza un diagnóstico situacional del uso de las cibercampañas en los principales países de América latina. Además, se señalan sus potencialidades en materia de persuasión y movilización electoral y, sobre todo, se analizan las limitaciones que este tipo de estrategias políticas enfrentan en esta importante región del continente americano.

2. La política en la era "punto.com"

La política históricamente ha sido transformada , en gran medida, gracias al desarrollo tecnológico. Por ejemplo, con la invención de la imprenta moderna, en 1440 por el alemán Johannes Gutenberg, las ideas políticas y religiosas pudieron ser reproducidas masivamente para poder llegar a más gente. De esta forma, las copias manuscritas de proclamas, manifiestos, idearios o doctrinas políticas, dieron paso a reproducciones de publicaciones en serie de libros, periódicos y revistas, lo que significó un avance revolucionario para poder propagar ideas y proyectos políticos a escala mucho mayor. Fue así como las ideas renacentistas tuvieron mayor eco y difusión al ser reproducidas en textos e imágenes en toda la vieja Europa. Hoy día, la impresión manual ha cedido lugar a la impresión electrónica y digital que posibilita una alta calidad y rapidez en la reproducción de textos e imágenes de carácter político.

Por su parte, con la invención de la radio por el inglés Guglielmo Marconi en 1897,[1] significativamente las posibilidades de propagar las ideas políticas y sociales aumentaron s.[2] Ahora ya no sólo era el texto, sino la voz, el medio por el cual se pudo propagar las ideas políticas a grandes distancias. Ya para los años veinte del siglo próximo pasado (XX), las estaciones de radio con programas de entretenimiento e informativos, empezaron a surgir en diferentes partes del mundo, como en los Estados Unidos y Argentina. Para la siguiente década, la radio había incursionado de lleno en la política y, en lo particular, en las campañas electorales. Un ejemplo de esto fue la campaña de F.D. Roosevelt en los Estados Unidos de Norteamérica, quien utilizó la radio como medio para ganar las elecciones presidenciales. [3]

Con la invención de la televisión, a finales de la década de los veinte,[4] la comunicación política alcanzó niveles sin precedente, posibilitando la transmisión a distancia de sonidos, imágenes y textos. En 1952, el candidato republicano D. Eisenhower utilizó la televisión para ganar la elección presidencial, transmitiendo 36 diferentes spots publicitarios en este nuevo medio de comunicación de masas. A partir de este momento, la televisión se convirtió en el medio privilegiado de la política a nivel global para tratar de influir en el comportamiento y conducta de los electores.[5]

Para la década de los setentas, con la invención de la Internet[6] y su socialización a fines de la década de los ochentas, esta nueva tecnología de la información y las

---

[1] Marconi montó la primer estación de radio del mundo en Inglaterra, utilizando las ondas electromagnéticas descubiertas por Heinrich Rudolf Hertz y James Clerk Maxwell.

[2] Ya antes, en 1840 Samuel Morse había inventado el telégrafo y en 1875 Graham Bell inventó la telefonía, misma que posibilitó propagar sonidos y mensajes a través de cables.

[3] En Argentina, por su parte, la radio hizo su aparición como medio hegemónico de comunicación política en la elección de 1928, en el segundo periodo de Hipólito Yrigoyen.

[4] En 1927 se inició la primer emisión de televisión pública en Inglaterra y en 1930 en los Estados Unidos de Norteamérica. En 1937, comenzaron las transmisiones regulares de televisión electrónica en Francia e Inglaterra. En México, en 1946 se inaugura el primer canal de televisión, Canal 5, en 1951 en Argentina con el Canal 7 y en Nicaragua en 1956, con el Canal 8.

[5] John F. Kennedy ganó la elección presidencial en 1960 gracias a su mejor desempeño en un debate televisado frente a Richard Nixon.

[6] Paul Baran es considerado como una de las figuras clave de la creación de Internet. En 1964, él tuvo la idea de crear una red con la forma de una enorme telaraña. En agosto de 1969, al margen del proyecto militar, ARPA (*Agencia de Proyectos de Investigación Avanzados*, una división del

telecomunicaciones generó otro gran avance, mismo que posibilitó una comunicación política muchos más masiva, pero a su vez, personalizada. Hoy día, gracias a las nuevas tecnologías es posible hacer llegar los mensajes de campaña de los partidos y los candidatos a millones de electores.[7] También es posible, a través de este medio, recabar sumas millonarias para el financiamiento político, como lo hizo Barack Obama en los Estados Unidos de Norteamérica durante el 2008. De hecho, la nueva tendencia mundial es impulsar ciber-campañas electorales, utilizando las nuevas tecnologías de la información y las telecomunicaciones con el fin de ganar una elección a un puesto público. Es decir, la mayoría de los ejercicios proselitistas en el orbe utilizan las nuevas tecnologías de la información y las comunicaciones como medio para tratar de influir en la conducta del votante y ganar las campañas electorales.

En cierta medida, hoy día estamos viviendo en la política una nueva era, que bien se podría denominar "punto.com," sustentado en el uso de la Internet, la telefonía (celular) y las comunicaciones mediadas por dispositivos computacionales para tratar de influir en los demás y alcanzar objetivos políticos.

3. Las ciber-campañas.

Las ciber-campañas pueden ser conceptualizadas como las diversas acciones y actividades de investigación, comunicación, organización, financiación, movilización y cuidado y defensa del voto que realizan partidos y candidatos usando las nuevas tecnologías de la información y las comunicaciones con el objetivo, por un lado, de conseguir el voto de los electores y, por el otro, de evitar que los opositores ganen las elecciones. Es decir, las ciber-campañas implican dos frentes: el frente de atracción de votos a favor de una partido o candidato y el frente de repulsión de votos hacia la competencia.[8]

A través de las ciber-campañas es posible conocer los gustos, necesidades, problemas, deseos, aspiraciones, expectativas, sentimientos y emociones de los electores, así como permiten conocer sobre sus filias y fobias, simpatías y antipatías políticas. En otras palabras, a través de las nuevas tecnologías es posible conocer a profundidad a los votantes y saber qué es lo que los mueve, simpatiza o motiva.[9]

Ministerio de Defensa de Estados Unidos) creó la red experimental **Arpanet,** cuyo fin era conectar cuatro universidades.

[7] Las nuevas tecnologías posibilitan una comunicación no sólo bidireccional (políticos ciudadanos), sino también multidireccional, (políticos-ciudadanos-ciudadanos- políticos).

[8] El primer frente es lo que da origen a lo que se conoce como ciber campaña positiva y el segundo a la ciber-campaña negativa. Estas últimas, han sido proscritas o prohibidas en la televisión en varios países, como México, pero no en el ciber-espacio.

Por las ciber-campañas, también es posible comunicarse con los electores, principalmente con los más jóvenes y los sectores con mayores niveles de educación e ingreso económico que tienen acceso a la Internet y a la telefonía, llamados "generación web". De hecho, las nuevas tecnologías de la información y las telecomunicaciones permiten una comunicación más interactiva entre los candidatos y los votantes, facilitan el diálogo multidireccional y, sobre todo, posibilitan una comunicación más horizontal con los electores, amen de facilitar la comunicación interna entre los impulsores de la campaña. De cierta manera, la ciber-campañas son entendidas como actividades o acciones de comunicación entre políticos y ciudadanos utilizando los nuevos dispositivos tecnológicos.

A través de las ciber-campañas, también es posible organizar a los electores, transformándolos en ciber-militantes o ciber-voluntarios que también impulsen acciones proselitistas desde la comodidad de su hogar o su trabajo a través de sus redes de amigos, familiares y vecinos, organizado ejércitos de promotores del voto y dotándolos de la información necesaria para el trabajo político.

Recolectar fondos económicos para financiar las diferentes actividades de la campaña y hacer frente a los gastos, producto de las actividades de proselitismo electoral, a través de donaciones de los simpatizantes, es posible también mediante el uso de las nuevas tecnologías de la información y las telecomunicaciones. Por ejemplo, este ha sido el caso, de naciones que sustentan el financiamiento de sus campañas en fondos privados más que públicos, como es el caso de Estados Unidos de Norteamérica.

Usando las nuevas tecnologías de la información y las comunicaciones, también es posible movilizar a los votantes a las urnas el día de las elecciones, facilitando los operativos de organización, logística y movilización electoral, con el fin de ganar las elecciones. Es decir, las ciber-campañas no sólo ayudan a conocer a los electores, a comunicarse con ellos y a organizarlos, sino también a movilizarlos, políticamente hablando.

Finalmente, los nuevos dispositivos tecnológicos, también son herramientas o medios muy útiles que pueden ayudar en las tareas de vigilancia, observación, cuidado y defensa del voto, especialmente los relacionados con las videograbaciones, que pueden ser utilizados como medios disuasivos para evitar conductas y prácticas ilegales o para documentar irregularidades y delitos que se cometan durante la jornada electoral.

En suma, las nuevas tecnologías de la información y las telecomunicaciones han posibilitado la existencia de las ciber-campañas, las cuales son estratégicas en la nueva

---

[9] Es decir, detectar los temas que preocupan a los futuros votantes en sus diferencias y similitudes, escuchar sugerencias y ofrecer soluciones al respecto.

arena político electoral en el orbe, ayudando de sobremanera a construir ventajas competitivas, con el fin de ganar un puesto de elección popular.

4. Las ciber-campañas en América Latina.

Las ciber-campañas llegaron a América latina a finales de la década de los noventas del siglo XX y hoy día se han popularizado como formas tradicionales de hacer, entender y procesar la política en esta importante región. Estos ejercicios de proselitismo moderno, no sólo han implicado el impulso de campañas de precisión, usando bases de datos y estudios históricos sobre comportamientos de los votantes, incluso, a nivel de sección electoral o casilla, sino también como medios ideales para la persuasión política de alto impacto.

Estos ejercicios de proselitismo moderno, principalmente se han apoyado en el uso de YouTube, Hi5, MySpace, Facebook, Twitter, wikis, blogs, MSM, páginas de Internet y los correos electrónicos, como nuevos instrumentos o medios digitales de hacer campaña. El desarrollo de este tipo de campañas, se ha dado de manera más intensa y amplia en países con economías más pujantes y con mayores niveles educativos, como Argentina, Brasil, Chile, Colombia, México y Venezuela.[10]

¿Cuándo inician las ciber-campañas en estas naciones y cómo se han desarrollado estos nuevos ejercicios de proselitismo político electoral? A continuación, se describe el estado actual de este tipo de campañas en seis países de América latina.

a. Argentina

La primera gran ciber-campaña electoral a nivel de elección presidencial en este país se impulsó[11] en el 2007, por Cristina Fernández de Kirchner, candidata del Partido Justicialista (Frente por la Victoria). Durante el proceso electoral y como parte de las cibercampañas se crearon cientos de *weblogs*, se utilizó los chats, así como el *messenger*, los teléfonos celulares, los *call centers*, *Twiter*, Facebook, *Myspace*, Hi5 y todos los dispositivos computaciones asociadas a las redes sociales con el fin de ganar el voto de los ciudadanos. El slogan de esta campaña fue "Blog por blog, vecino por vecino, desde lo virtual a las urnas".[12] De esta forma, los seguidores de la candidata se convirtieron en

---

[10] En otros países de la región como Nicaragua, Bolivia, Ecuador y El Salvador las cibercampañas han sido menos utilizadas, ya que la denominada "brecha digital" es más grande y, por lo tanto, el porcentaje de penetración de Internet es reducido.

[11] Se considera que la campaña legislativa del 2005 Francisco De Narváez fue una de las pioneras en la Argentina al apostarle fuertemente a la Web 2.0 . Sin embargo, la campaña de Cristina fue la primer gran cibercampaña a nivel presidencial.

ciber-activistas que lograron impactar a miles de votantes, ganando la elección presidencial celebrada en octubre del 2007 con el 45.29 por ciento de los votos.

Desde la plataforma en la Web www.sumateacristina.com sus seguidores pudieron bajar y utilizar diferentes herramientas informáticas, propagandísticas y manuales promociones del voto a favor de la candidata presidencial.[13] De esta forma, utilizando las nuevas tecnologías de la información y las comunicaciones, la denominada "Generación K" pudo activar miles de blogs que llegaron a impactar en los más de 260 mil bloggers que para esa fecha estaban activadas en la Argentina, llegando de esta forma a los jóvenes de entre 20 y 40 años y a sectores sociales con mayores niveles educativos.

La ciber-campaña consistió en un esfuerzo "24 por 24" durante treinta días en la que cualesquier lista que tuviera en la cabeza a "Cristina presidente" tuvo asistencia técnica para construir su página, diseñar su gráfica o tener data e imagen sobre algún tema en debate durante esta jornada electoral.[14]

Esta campaña resultó exitosa y complementaria a la campaña por televisión y a la campaña por tierra, para finalmente poder incidir determinantemente en el resultado final de la elección. Se considera que de 41.3 millones de habitantes que tenía esta nación para la fecha de la elección, 26.61 millones de argentinos eran usuarios de internet, lo que representaba un 64.4 por ciento de penetración de Internet, según lo señala la Internet World Stadistics (IWS).

b. Brasil

En el caso de Brasil, las última elección presidencial se realizó en octubre del 2010. Durante el proceso electoral, al igual que en Argentina, se utilizaron de manera amplia las diferentes tecnologías digitales para tratar de ganar la elección.[15] De esta forma, las páginas Web de los candidatos y sus apoyadores, los blogs, las redes sociales (Orkut,[16] Facebook, Myspace, Hi5 y Twitter), así como los *news groups*, los correos electrónicos, los

---

[12] Al final, el slogan que quedó como parte central de la ciber-estrategia de la Generación K, fue "Vota a Cristina, Súmate," la cual duro en su totalidad 60 días.

[13] Hubo diferentes portales interactivos en esta campaña, como el www.cristinacobosyvos.com en el que se mostraba fotos, videos y discursos de la entonces primera dama de este país.

[14] Véase Ciber-militantes para CFK, Página 12, 28 de septiembre del 2007.

[15] Según datos del Instituto Brasileño de Opinión Pública y Estadística, al momento de la elección 67.5 millones de brasileños mayores de 16 años, que representaba el 35 por ciento de la población, tenían acceso a Internet.

[16] Orkut es la red social más popular en este país.

videos en Youtube, los mensajes por telefonía celular y los ciber-debates fueron parte de los medios utilizados para tratar de persuadir a los electores.

De hecho, para el 2 de agosto del 2010, José Serra, candidato del Partido de la Social Democracia de Brasil (PSDB) contaba con 318 mil seguidores en su cuenta Twitter (@joseserra_), mientras que Dilma Rousseff (@dilmabr), candidata del Partido de los Trabajadores (PT) poseía 135 mil seguidores.

Algo novedoso en esta campaña fue el ciber debate, ya que el 18 de abril del 2010 se realizó el primer debate presidencial *on-line* de ese país, organizado por Folha de Sao Paulo y UOL. Este debate contó con la presencia de los tres principales candidatos a ganar las elecciones: Marina Silva (Partido Verde), José Serra (PSDB) y la candidata oficialista Dilma Rousseff (PT). El encuentro contó con diferentes bloques temáticos para que los candidatos se hicieran preguntas entre ellos y tuvo un momento en el que fueron los ciudadanos que seguían el debate *on-line,* los que tuvieron la posibilidad de transmitir sus inquietudes a los candidatos.[17] Se considera que este debate fue seguido en vivo por más de 50 millones de internautas a través de Twitter y Facebook, desde 127 países. [18]

Durante esta campaña, también se establecieron sitios en Internet como el http://www.10preguntas.com.br en el cual los ciudadanos podían hacer preguntas a los candidatos presidenciales y recibir respuestas a los cuestionamientos más reiterativos y que tenía que ver con la plataforma electoral y el proyecto de país que proponía cada uno de los partidos. Para esas fechas, de acuerdo a IWS se consideraba que cerca de ochenta millones de brasileños tenían acceso a Internet. Al final, la candidata del PT logró ganar la elección al obtener el 54.74 por ciento de los votos, contra 45.78 de votos del candidato del PSDB.[19]

c. Chile.

En este país, la elección presidencial se realizó, en su segunda vuelta, el 17 de enero del 2010, resultando ganador Sebastián Piñera, candidato por la "Coalición por el Cambio"

---

[17] Véase "Los presidenciales en Brasil debaten en la red" en http://webpoliticadoscero.blogspot.com/search/label/Brasil.

[18] El candidato del Partido Socialismo y Libertad, Plinio de Arruda Sampaio, como no fue invitado al debate, utilizó la herramienta Twitcam, la cual le permitió la transmisión en tiempo real de sus mensajes (Si no me invitan a los debates, aparezco a través de Twitter. ¡No me he marchado!). Este candidato, también, ofreció una serie de videoconferencias en Twitter.

[19] La estrategia de Dilma también se centró en aprovechar los buenos resultados que había generado el gobierno saliente de Luis Ignacio Lula da Silva, especialmente en materia económica y combate a la pobreza.

como primer presidente no elegido por la Concertación (de Partidos por la Democracia), desde la salida de Augusto Pinochet del poder en 1990.[20] La campaña de Piñera apostó fuerte por la comunicación 2.0 como el eje fundamental de su carrera hacia el Palacio de La Moneda.[21] Su estrategia estuvo orientada a generar un auténtico vínculo entre el candidato y la ciudadanía, siempre liderando la elección en el terreno digital. Tan sólo en Youtube, por ejemplo, Piñera acumuló más de un millón de visitas a sus videos subidos a esta plataforma.

"El trabajo de Piñera comenzó años antes de la cita con las urnas, mediante la formación de los grupos de trabajo Tantauco, que recorrieron el país y recogieron propuestas para el futuro programa electoral. Internet sirvió para conectar el proceso de coordinación interna de la campaña, mediante la creación de foros y demás canales, enfocado a organizar el activismo de los simpatizantes a través del portal "Chile con todos".[22] Para esa fecha, este país tenía un 50.4 por ciento de penetración de Internet.

Su estrategia *online* fue articulada para mostrar a un candidato cercano y asequible a los votantes, impulsando una comunicación moderna y atrevida, asociándolo con el cambio que querían ver los chilenos.[23] Esta campaña fue desarrollada sobre la plataforma *wordpress*, más flexible y dinámica, en la que se implementaron los siguientes servicios disponibles en la red: Google Apps (correos pinera2010.ch, algunos casos de gestión de documentos, formularios en línea), Facebook, Twitter, (sebatianpinera y comandosp), Flickr, fotolog, Youtube (Canal oficial y Grupos Tantauco), Google Maps, Podcaster, Issuu, Twitpic y Twinnon, entre otros.[24]

Además, se uso por parte del comando online otras tecnologías como el *streaming*, un CRM centralizado, campañas de *mailing* y mensajes vía SMS, además del uso de equipo Bluetooth para entregar contenidos por celulares. De esta forma, las nuevas tecnologías de la información y las comunicaciones se transformaron en un componente importante de difusión de los mensajes políticos.[25]

---

[20] Sebastián Piñera obtuvo un 51.61 por ciento de los votos frente a 48.38 por ciento de Eduardo Frei, candidato de la Concertación.

[21] Véase Diego Sánchez de la Cruz, "Política 2.0 en la Campaña Presidencial de Sebastián Piñera," 1 de febrero del 2011.

[22] Ibídem.

[23] Su lema de campaña fue "Así queremos a Chile," en la que la ciudadanía podía opinar y dar propuestas para integrar su plan de gobierno, todo esto facilitado a través de una aplicación Web.

[24] En esta campaña también se utilizó Google Webmaster Tools y Analytics.

[25] Además, se creó una identidad digital de Sebastián, el diseño de esquemas eficientes de generación de contenido y una RedSP que posibilitó la comunicación y organización de la

Al final, la estrategia de comunicación *online* de Piñera, con sus estrategias creativas de interacción social,[26] fue mucho mejor que la de Frei,[27] contribuyendo a definir el resultado final de esta histórica contienda presidencial, de hecho, que marcó el regreso de la derecha al poder en Chile.

d. Colombia

La elección presidencial en Colombia se realizó, en su primera vuelta, el 30 de mayo del 2010, en la que compitieron seis como candidatos,[28] entre los que sobresalieron Juan Manuel Santos del Partido Social de la Unidad Nacional, conocido como el Partido de la U y Antanás Mockus del Partido Verde. Esta fue una elección muy competida en su primer vuelta, en la que el Partido Verde articuló una gran ciber campaña sustentada en las nuevas herramientas 2.0. La elección definitiva, segunda vuelta, se realizó el 20 de junio del 2010, con los dos candidatos punteros: Santos y Mockus.

Lo novedoso de esta ciber campaña fue la creación de una emisora de radio *on line* denominada la "ola verde," que logró ser muy popular entre los colombianos, además del uso intensivo de las nuevas tecnologías de información y la comunicación, lográndolo posicionar como uno de los candidatos más competitivos en la elección.

Por ejemplo, a través del número de búsquedas de Google se pudo constatar cómo el término "Antanas Mockus", sólo en el mes de abril de ese año, duplicaba el nombre de sus competidores. Una situación similar sucedió con el término "La ola verde" en los tags.[29]

Tan sólo en su página personal, para el 5 de mayo, el candidato sobrepasó el medio millón de seguidores en Facebook,. Pero el fenómeno de la *ola verde* superó los límites del ciberespacio, dando lugar a las expectativas de participación de miles de ciudadanos. Si bien las elecciones se realizaron hasta el 30 de mayo en su primera vuelta, la intención de voto, producto de las cibercampañas, en pocas semanas ascendió más del 18% a favor de Mockus, quedando en primer lugar frente al candidato de Uribe, Juan Manuel Santos.[30] campaña y su vinculación con los votantes.

[26] Su diseño invitaba a la acción y su arquitectura de la información en la Web 2.0 era muy estética y atractiva.

[27] Su portal se denominó "Chile Primero," el cual contenía demasiada información y su lectura era cansada y tediosa.

[28] Los otros candidatos fueron German Vargas del Partido Cambio Radical, Gustavo Petro del Polo Democrático Alternativo, Noemí Sanín del Partido Conservador Colombiano y Rafael Pardo del Partido Liberal Colombiano.

[29] Véase "La Ola verde se extiende a la realidad política" en http://webpoliticadoscero.blogspot.com/search/label/Colombia. Fecha de consulta: 6 de abril del 2011.

Su estrategia digital diseminó la fórmula presidencial Mockus-Fajardo a través de todos los espacios que la red ofrecía: no sólo redes sociales, sino también sus sitios web, blogs y canales de YouTube, donde los visitantes podían participar ampliamente, tanto en el plano virtual como real. De esta forma y en este sentido, consiguieron que fueran sus seguidores los que propagarán su mensaje de campaña.

Por su parte, Juan Manuel Santos, también se apoyó en las nuevas tecnologías y herramientas 2.0 en su campaña electoral, impulsando una ciber campaña creativa e intensa, a través de wikis, redes sociales, blogs, páginas web, teléfonos celulares, Youtube, foros virtuales, y correos electrónicos, aprovechando el auge en el uso de estas tecnologías por parte de amplios sectores sociales.[31]

De acuerdo con el resultado de la elección, Santos obtuvo el 46.67 por ciento de los votos en la primera vuelta y el 69.13 por ciento en la segunda vuelta. Por su parte, Mockus logró el 21.51 por ciento de sufragios en la primer vuelta y 27.47 por ciento en la segunda vuelta.

e. México

En México, las primeras cibercampañas se realizaron en el año 2000, durante la histórica elección en la que el otrora partido hegemónico de Estado (Partido Revolucionario Institucional) perdió la presidencia de la república y la mayoría de los asientos en el congreso bicameral.[32]

Durante la elección presidencial del 2006, la internet sirvió no sólo para hacer llegar los mensajes y las propuestas de los diferentes candidatos a un puesto de elección popular, sino, sobre todo, para atacar y denostar a los adversarios. De hecho, la campaña negativa en contra de Andrés Manuel López Obrador (AMLO), entonces candidato presidencial de la Alianza por el Bien de México,[33] principalmente se articuló a través de las nuevas tecnologías de la información, la telefonía celular y, por supuesto, la televisión.

---

[30] Algunos otros cálculos apuntaban que Mockus pasó de 4 por ciento en las preferencias electorales a cerca del 34 por ciento tan solo en un mes, de acuerdo a diferentes sondeos de opinión (Centro Nacional de Consultoría).

[31] Para 2010, de acuerdo con la IWS, Colombia tenía más de 21.5 millones de usuarios de Internet, lo cual representaba un 48.7 por ciento de penetración de las nuevas tecnologías digitales.

[32] De 500 asientos en la cámara de diputados, el PRI obtuvo 211 y de 128 curules en el Senado este partido obtuvo sólo 60.

[33] Esta alianza fue formada por el Partido del Trabajo, el Partido Convergencia y el Partido de la Revolución Democrática.

De esta forma, era común ver videos denostativos en Youtube, recibir correos electrónicos difamatorios y, sobre todo, atacar por diversos medios digitales a AMLO, articulando una campaña de odio y miedo, que finalmente logró sus objetivos.[34]

En las elecciones del 2009, el uso de las nuevas tecnologías de la información y las comunicaciones se intensificó,[35] especialmente a través del uso de Facebook[36] y Twitter. Por ejemplo, el Partido Acción Nacional (PAN), a través de su página ofreció a los ciudadanos la posibilidad de opinar sobre sus notas y noticias, además de usar de manera amplia las diferentes herramientas de la Web 2.0.

Otros partidos como el Partido de la Revolución Democrática (PRD) y el Partido Revolucionario Institucional (PRI), también acudieron a las ciber campañas, utilizando las redes sociales parar tratar de incidir en la conducta y comportamiento de los electores, impulsando diferentes info estrategias e info tácticas, e incluso, organizando mítines virtuales y usando canales de televisión y radio en Internet, como medios alternativos para tratar de ganar las elecciones. En la elección presidencial del 2012, su uso quedó más que claro.

f. Venezuela

Las últimas elecciones legislativas para integrar la Asamblea Nacional en este país se realizaron el 26 de septiembre del 2010, generándose el siguiente resultado. El Partido Socialista Unificado de Venezuela y sus aliados (el Partido Comunista de Venezuela) obtuvieron el 48.13 por ciento de los votos y la Mesa de la Unidad Nacional 47.22 por ciento, lo que les representó 98 escaños para los primeros y 65 escaños en el parlamento para la opción opositora.

---

[34] De acuerdo con los resultados electorales dados a conocer por el Instituto Federal Electoral, Felipe Calderón ganó la elección con el 35.89 por ciento de los votos en contra del 35.33 por ciento de AMLO. Roberto Madrazo Pintado, candidato de la Alianza por México, integrada por el PRI y el Partido Verde Ecologista de México, obtuvo 22.23 por ciento.

[35] Según un estudio de la IAB, para 2010, el 86 por ciento de los mexicanos contaba con teléfono celular, 59 por ciento computadora de escritorio, 54 por ciento computadora portátil, 45 por ciento aparatos de videojuegos, 14 por ciento teléfonos inteligentes , 8 por ciento asistentes personales PDA y 4 por ciento Ipads.

[36] De acuerdo a Socialbaker, una de las empresas consultoras de las nuevas tecnologías de la información, tan sólo en la ciudad de México existen más de 9.3 millones de usuarios de Facebook.

De acuerdo con los resultados electorales, votaron el 66.45 por ciento de los inscritos en el padrón electoral, siendo motivados a través de campañas mediáticas, de tierra y, sobre todo, por las cibercampañas. De acuerdo a estadísticas gubernamentales, un tercio de los electores en este país usan Facebook, un diez por ciento posee un BlackBerry y un siete punto cinco por ciento utiliza Twitter. De acuerdo a IWS, la penetración de Internet es de 34.2 por ciento, teniendo acceso a los nuevas tecnologías de la información cerca de 10 millones de venezolanos.

Estas campañas se caracterizaron por la polarización, en la que, de manera intensiva, los opositores utilizaron, las nuevas tecnologías como formas alternas para tratar de contrarrestar la hegemonía mediática de los partidarios de Hugo Chávez. Sin embargo, también los aliados del presidente Chávez hicieron uso intensivo de estas herramientas 2.0, con el fin de alcanzar la mayoría calificada de escaños para poder realizar reformas constitucionales.

De esta forma, las redes sociales, el Facebook, los microbloggs, los teléfonos con capacidad Wap y los #hastag invadieron el *timeline* de miles de usuarios de Twitter, entre ellos los famosos #26S, #hayuncaminomejor, # MUD y #elecciones, entre otros. La finalidad era tratar de ganar el mayor número de apoyos en esta importante elección legislativa, previa a la elección presidencial del 2012. En la elección del 2012, Hugo Chávez ganó la elección también sustentado en las ciber campañas.

5. Limitantes y potencialidades de las ciber-campañas.

Las ciber campañas en América Latina, se han generalizado de tal forma que prácticamente todas las elecciones presidenciales y parlamentarias utilizan las nuevas tecnologías de la información y las telecomunicaciones como medio para tratar de influir en la conducta y comportamiento de los electores. Sin embargo, en varios casos la utilización de estas herramientas presentan una serie de limitantes, mas allá de las ventajas que conllevan.

Las principales limitaciones de las ciber campañas en estos países son las siguientes:

Primero, son campañas que sólo llegan a una parte minoritaria de los electores, ya que la mayoría de la población todavía no tiene acceso a la internet. De acuerdo con la Internet World Stadistics (IWS) para 2010 Argentina tenía un 64.4 por ciento penetración de usuarios de Internet respecto de su población, Brasil un 37.8%, Colombia un 48.7%, Venezuela un 34.2% y México un 27.2 por ciento, mientras que el índice de penetración de Facebook era mucho más baja en estos países. Es decir, por el bajo nivel de desarrollo económico y social de estos países, en comparación con las naciones desarrolladas, ha generado una "brecha" y una exclusión digital de amplios sectores sociales, quienes no tienen acceso a las nuevas tecnologías de la información y, por lo tanto, están excluidos de poder ser persuadidos por las ciber campañas.

Segundo, los sectores sociales con mayor índice de penetración de Internet en estos países son las clases medias y altas, en su mayoría jóvenes y con relativamente altos niveles de escolaridad. Sin embargo, estos mismos sectores sociales son los que presentan un mayor nivel de abstencionismo.

Tercero, existe una creciente tendencia de interactividad (técnica) que no automáticamente significa una mayor interacción (diálogo) entre políticos y ciudadanos en estos países. La comunicación mediada por computadora dificulta o imposibilita el contacto directo, el calor humano y las relaciones afectivas entre los principales actores del proceso electoral.

Cuarto, por la dificultad de su regulación y control, las cibercampañas también se han utilizado como forma maniqueas para manipular a los electores usando las herramientas 2.0 con correos electrónicos injuriosos, con información falsa, ataques y difamaciones en contra de los adversarios, deteriorando la calidad del debate político y desinformando a los ciudadanos.

Quinto, las ciber campañas han sido hasta hoy muy generales, utilizando la "estrategia de la escopeta," tratando de incidir en la conducta política de todo tipo de electores. Sin embargo, esto no ha posibilitado la realización de campañas digitales de precisión, con targets muchos más específicos producto de una mayor segmentación de mercados electorales y con formas de comunicación *ad hoc* dependiendo del tipo de elector al que se quiera persuadir.

Sexto, las ciber-campañas no han podido superar el grave problema de la falta de credibilidad y de confianza que tienen amplios sectores sociales sobre sus políticos. Los diseños gráficos, los mensajes, videos y la publicidad en las redes sociales digitalizadas no necesariamente abonan a reconstruir la credibilidad y confianza ciudadana sobre sus políticos que requiere tener una real democracia.

Séptimo, las cibercampañas en la región han estado prácticamente orientadas a la publicidad, pensando contactar más bien con los medios de comunicación, distendiendo la posibilidad de un verdadero diálogo e interacción con la ciudadanía.

Octavo, las convergencias que ayudan a obtener las ciber campañas muchas veces son efímeras (coyunturales) y reactivas (poco meditadas) por parte de amplios sectores sociales, lo que puede generar la elección de gobernantes sobre bases muy superficiales.

Como lo apunta Divina Frau-Meigs (2001) "la tecnología no incrementa por si misma las opiniones cívicas," ni la calidad de la democracia.

Novena, el nivel de persuabilidad de las ciber campañas es mucho más bajo en comparación de campañas de tierra centrados en el contacto directo del partido, los candidatos o los equipos de campaña con la gente, en las comunidades, barrios, ejidos, ciudades y calles de la circunscripción electoral de la que se traté. Además, el problema de la desconfianza en el medio persiste, ya que, al igual que muchos electores desconfían en la televisión o en la radio, así como también desconfían en la Internet, porque les llega, muchas veces, gran cantidad de información de personas desconocidas.

Por otro lado, es indudable que el uso de las nuevas tecnologías de la información y las telecomunicaciones proporcionan una serie de ventajas o potencialidades en las campañas electorales, sobresaliendo las siguientes:

Primero, el costo económico es mucho más bajo en comparación con campañas por radio, televisión o campañas de contacto directo con el electorado. Es decir, las ciber campañas reducen significativamente su costo económico y son accesibles a partidos y candidatos con bajos presupuestos.

Segundo, la rapidez con las que llega el mensaje a los electores es mucho mayor que las campañas mediáticas y de tierra, teniendo una comunicación prácticamente inmediata con la ciudadanía o los representantes de los medios de comunicación. Además, el flujo de información, en formato de imagen, fotografías, videos, audio y texto que la red puede ayudar a proporcionar a los ciudadanos es abundante.

Tercero, la Internet permite a los ciudadanos rastrear selectivamente cualquier tipo de documentación política y convertirse ellos mismos, en productores de mensajes como parte del trabajo colaborativo y en generadores de demandas a los candidatos a un puesto de elección popular (Stefano Rodoto).

Cuarto, las nuevas tecnologías permiten comunicarse con el elector, establecer relaciones con los votantes y poder hacerles llegar sus propuestas y mensajes, apoyando las estrategias de comunicación interna y externa durante las campañas electorales.

Quinto, las nuevas tecnologías posibilitan y facilitan la participación de los ciudadanos en la vida política electoral y pueden generar interés e impulsar la participación en sectores de electores que tradicionalmente no votan, reduciendo el abstencionismo.

Sexto, la Internet posibilita una respuesta o aclaración rápida ante rumores, ataques, criticas y denostaciones de los adversarios, así como el poder impulsar contra-estrategias para tratar de neutralizar acometidas y campañas negativas.

Séptimo, la internet posibilita la obtención del apoyo de los votantes, reforzando predisposiciones políticas ya existentes en la mente de los ciudadanos y, sobre todo, puede generar el voto de nuevos electores, especialmente del sector social de los usualmente abstencionistas o los denominados *switchers*.

Octavo, las nuevas tecnologías de la información y las telecomunicación posibilitan el impulso de campañas más profesionalizadas, ayudando a lograr una mejor comunicación interna y coordinación operativa entre los equipos de campaña, construyendo ventajas competitivas en la disputa por el poder público.

Finalmente, las cibercampañas ayudan a evitar un mayor daño ecológico, ya que la propaganda tradicional llena de basura y contaminación visual a las ciudades, evitándose o aminorándose el problema con el uso de las nuevas tecnologías digitales.

6. A Manera de Conclusión

Las nuevas tecnologías de la información y las comunicaciones han transformado la forma como se realizan las campañas electorales en América latina. A partir de la gran experiencia exitosa de las ciber campañas en los Estados Unidos de Norteamérica en la elección presidencial del 2008,[37] cuando Obama[38] ganó la contienda, esta región ha revolucionado su forma de hacer política y de tratar de ganar el voto de los ciudadanos.[39]

De esta forma, hoy día toda campaña electoral exitosa implica el establecimiento de tres grandes frentes estratégicos: 1) El mediático, centrado en la radio y la televisión; 2) El

---

[37] En la campaña presidencial del 2008, Obama invirtió 750 millones de dólares y en la campaña del 2012 se estima pueda superar la cifra de los mil millones de dólares. La mayoría de estos recursos obtenidos a través de recaudaciones utilizando las nuevas tecnologías de la información.

[38] El 4 de abril del 2011, en los Estados Unidos de Norteamérica el presidente Barack Obama anunció su candidatura rumbo a la reelección a través de un correo electrónico dirigido a sus seguidores, un mensaje en Twitter y un video subido a Youtube y a su sitio Web con testimonios de partidarios con el titulo "Comienza con nosotros." De esta forma, Obama continuó con la estrategia digital que utilizó en su última campaña y que ha marcado la nueva política en el presente siglo (Véase Rafael Mathus Ruiz, Costará reelección de Obama mil millones de dólares, periódico Mural, sección internacional, 5 de abril del 2011, p. 9).

[39] De acuerdo a Luis Arvizu, anteriormente los partidos asignaban lo que sobraba de sus presupuestos al uso de internet. Hoy la red forma parte importante de sus estrategias.

territorial, centrado en el contacto directo con la gente; y 3) El del ciberespacio, centrado en el uso de las nuevas tecnologías de la información y las telecomunicaciones.

El frente de las ciber campañas ha experimentado, en los últimos años, un crecimiento exponencial debido a la socialización de las nuevas tecnologías de la computación y la telefonía. De acuerdo a la consultora ComScore, el uso de la red social Twitter en América Latina ha tenido aumentos sustanciales en los últimos años, ya que, por ejemplo, del 2009 al 2010 se tuvo un aumento de usuarios de un 305 por ciento.[40] Algo similar ha pasado con Facebook, con los micro blogs, los wikis, Hi5, Myspace y las demás redes sociales. Sin embargo, el mayor uso de las nuevas tecnologías automáticamente no significa un mayor número de votos para los candidatos usuarios, ni una mayor calidad de la democracia en los países de la región. Todo depende de la forma como se usen estas tecnologías y el fin que se pretenda alcanzar.

Hoy día, las elecciones no necesariamente se ganan en la televisión, sino también en el ciber-espacio, utilizando las nuevas formas de comunicación política alternativa, que posibilitan el posicionamiento de candidatos, partidos y temas de campaña en sectores específicos de la sociedad. Las ciber campañas, también posibilitan la transformación de las campañas tradicionales sustentadas en la acción unilateral de la clase política hacedora de campañas en amplios y verdaderos movimientos ciudadanos en la búsqueda de un mejor futuro.

Ciertamente, las ciber campañas abaratan, simplifican y hacen accesible los mensajes de los candidatos y partidos a la ciudadanía. Sin embargo, todavía no se ha sabido explotar en la región las potencialidades de este tipo de herramientas y los políticos lo que comúnmente han hecho es trasladar la forma tradicional de hacer política a la Internet con poca innovación y creatividad.[41]

En el ámbito electoral, la mejor campaña no es la que sólo proporciona información, sino la que invita a la acción, involucra a los ciudadanos, les genera confianza y los hace participes de la contienda; así como la que permite a la gente interesarse, presentar proyectos y propuesta de gobierno, manifestar criticas y preocupaciones, subir a la red videos y fotos, publicar eventos y, sobre todo, la que logra el involucramiento y la participación de amplios sectores sociales.

---

[40] ComScore es una empresa norteamericana que se dedica a medir las audiencias en el mundo digital, su página Web es www.comscore.com.

[41] La desconfianza social en los políticos y los partidos, además de la desconfianza en la Internet ha limitado a las ciber campañas como medio alternativo de propaganda electoral, que ayude a fomentar una mayor participación ciudadana en las urnas.

Por ello, las ciber campañas deben ir mucho más allá del simple hecho de dar información y difundir las actividades de los candidatos y partidos. Las ciber campañas deben ser consideradas como un conjunto de herramientas que le permitan a los electores y, especialmente a los simpatizantes y apoyadores, el poder comunicarse y organizarse para hacer proselitismo ellos mismos. Es decir, las ciber campañas deben ser concebidas como un medio que facilite la comunicación y la organización de los ciudadanos para convertir a la campaña en un gran movimiento social capaz de movilizar a miles de votantes a las urnas para construir una gran victoria electoral.

Finalmente, se debe considerar que la política es construcción y las nuevas tecnologías de la información y las tele comunicaciones son herramientas importantes e imprescindibles para poder edificar grandes proyectos de política, ya sea a nivel local, regional, nacional o internacional. En el futuro, el tiempo dedicado a Internet por parte de los electores en América latina será mayor al número de horas por semanas destinadas a la exposición en televisión. De ahí la importancia de mejorar las estrategias de persuasión, interrelación, diseño y arquitectura propagandística de las ciber campañas.

LA POLITICA EN LA ERA PUNTO.COM:

Del Proselitismo Tradicional a las Campañas Posmodernas

1. Introducción

El mundo de la política está cambiando en América Latina de una manera acelerada. Cambia el sistema y el régimen político, los partidos, las organizaciones sociales, los liderazgos y la ciudadanía. Nada ni nadie está exento de este cambio. De una u otra forma, todos somos testigos, coparticipes o víctimas de dichos cambios, que los eruditos han llamado modernidad. Esta modernidad nos está llevando a un nuevo universo, en el que predominan nuevas formas de hacer, entender y procesar la política, en un contexto de masificación de los nuevos dispositivos electrónicos, que la tercera revolución tecnológica nos ha traído, y de consolidación de la democracia electoral.

Uno de los campos de la política que más ha experimentado el cambio es, sin duda, la forma como se organizan, diseñan y operacionalizan las campañas político-electorales. Nuevas y avanzadas estrategias, técnicas y conocimientos de partidos en la búsqueda del poder público y que se han conceptualizado con el nombre genérico, y a la vez ambiguo, de mercadotecnia política.

Las campañas político-electorales han experimentado cambios importantes a través de los años. De meros ritos protocolarios, como fue lo característico del pasado, se han convertido en verdaderos ejercicios proselitistas que involucran amplios recursos, sofisticadas estrategias y modernas técnicas de persuasión.

Hoy en día, los comicios electorales son altamente competidos, se realizan de manera más profesional dentro de un marco democrático, han incorporado los avances tecnológicos, así como el desarrollo de conocimientos en el campo de la mercadotecnia política.

Producto de estas transformaciones, las organizaciones partidistas se encuentran ante un serio dilema: seguir operando con los esquemas y prácticas del pasado, bajo el riesgo de ser rebasadas por la competencia, o insertarse en la nueva modernidad, incorporando las nuevas tecnologías de la información y las comunicaciones, así como la mercadotecnia como referente permanente de su práctica política. Sin duda, el futuro de los partidos y su viabilidad para acceder al poder público estará en relación a las respuestas que articulen a este dilema, ya en una sociedad democrática, donde el voto universal, directo y secreto de los ciudadanos decide el carácter de la representación política, busca un puesto público de elección popular implica esencialmente hacer un uso inteligente y creativo de la mercadotecnia.

En el presente capítulo, se hace una revisión de las características distintivas de las campañas político-electorales en México, desde la conformación del Estado-Nación hasta nuestros días. En la primera parte, someramente se revisan las características principales de las campañas del siglo XIX y buena parte del siglo XX. En la segunda parte, se exponen las características de las campañas que se han presentado en México a partir del inició de la transición política de cuño democrático y que se han denominado campañas modernas. En la tercera parte del capitulo, se hace una exploración prospectiva sobre la forma y modalidades que adquieran las futuras campañas político-electorales de México.

2. Las Campañas del Pasado

En México, las campañas político-electorales se organizan desde 1828. En sus primeros años, las campañas fueron muy rudimentarias, estaban enfocadas a convencer a una pequeña elite política y sus estrategias publicitarias se caracterizaban por su precariedad y falta de ingenio. Era una época, en la que los procesos electorales no eran los mecanismos reales de acceso al poder político, ya que las armas, la violencia y la imposición se privilegiaban en lugar de los votos. Este siglo se caracterizó por la existencia de gobiernos autoritarios, con la notable excepción del gobierno Juarista, donde se asumían cargos de "representación popular", generalmente tras un movimiento armado o una decisión misma de las altas esferas del poder.

 Cuando los cambios eran pacíficos, los acuerdos entre grupos de interés y fracciones con poder político y militar, así como las decisiones de quienes detentaban altos cargos (presidente) dentro de la administración pública, fueron los elementos definitorios en los procesos de renovación política. De esta forma, las elecciones servían sólo para legitimar los acuerdos y decisiones ya tomadas desde las altas esferas del mismo poder.

Al inicio del siglo XX, las campañas empezaron a tomar mayor relevancia, a la par que los procesos y movimientos revolucionarios se empezaron a extender en otras partes del globo. Las dos campañas políticas que mayor revuelo tomaron y de la cuales se conoce su espíritu competitivo fueron las campañas de Francisco I. Madero en 1911 y la de José Vasconcelos a fines de los años veinte.

Salvo esas excepciones, los procesos electorales durante buena parte de este siglo no fueron sino meros ritos protocolarios para el acceso al poder político, donde los mecanismos y políticas autoritarias predominaron sobre los principios de pluralidad, libertad, democracia y respeto al estado de derecho.

Las características más distintivas de las campañas tradicionales eran las siguientes:

a. Las campañas estaban orientadas a legitimar al grupo gobernante, quién se apoderó de las banderas revolucionarias. Eran campañas caracterizadas por una alta ideologización, con una plataforma sustentada en los principios de la Revolución Mexicana.

b. Eran elecciones de Estado, hegemonizadas por el partido en el gobierno, en las que no se ofrecía alguna garantía, muchos menos incentivos, para la oposición partidista. De hecho, los partidos opositores, por muchos años, tuvieron que sobrevivir en la clandestinidad, la persecución o el avasallamiento. De cierta manera, el sistema de partidos era uno monopolista de Estado que permitía una oposición leal, pero sólo de carácter testimonial.

c. El marco regulatorio de las campañas estaba diseñado para favorecer al partido en el poder y desincentivar a la oposición. No fue sino hasta 1963, cuando se creó la figura de diputado de partido, donde se otorgaron hasta un máximo de 32 diputados a los partidos de oposición. En este sentido, las campañas no presentaban el más mínimo nivel de competencia y las posibilidades de perder el poder por parte del partido gobernante prácticamente eran nulas.

d. Si bien los nombres de los candidatos eran importantes, la maquinaria electoral estaba orientada a apoyar al "gran partido", a legitimar el gobierno de una determinada formación política y, en consecuencia, a asegurar que el partido emanado de la Revolución Mexicana siguiera dirigiendo los destinos del país. Bajo este modelo de campaña, de cierta manera, las instituciones estaban sobrepuestas por encima de las personas, aunque los caudillos seguían jugando papeles relevantes.

e. Eran campañas pre-mercadotécnicas que privilegiaban el contacto directo, las grandes concentraciones y las giras agotadoras de los candidatos a lo largo y ancho del territorio nacional.

f. El nivel de sospecha social y descrédito de las elecciones era alto, en el que frecuentemente se presentaban acusaciones de fraude e imposición, que generaban a su vez conflictos poselectorales.

g. El poder ejecutivo era prácticamente quien organizaba y orientaba las elecciones, participando de manera activa y mayoritaria en los órganos electorales.

h. El uso de la tecnología de la información y las comunicaciones eran prácticamente inexistente, ya que se privilegiaban las concentraciones masivas, los mítines y el trabajo clientelar y corporativo. Las encuestas de opinión, por su parte, no eran utilizadas como herramientas de diagnóstico sociopolítico o instrumentos de campaña.

3. Las Campañas Modernas

A finales de la década de los ochenta, México empezó a experimentar un proceso de cambio político, sin precedente en la historia contemporánea, enmarcando en lo que Samuel Huntington llamó la tercer ola de transiciones políticas hacia la democracia que se presentan, desde 1974, en la urbe. Como parte de estas transformaciones, las vías electorales se empezaron a convertir en los mecanismos privilegiados para el acceso al poder político y en procesos altamente competidos por parte de las diferentes formaciones políticas.

De cierta manera, ya para la década de los noventa, nuestro país pasó de un modelo de voto cautivo a un proceso de "desregulación" del electorado. Por lo que dentro de este nuevo escenario de mayor competencia, la mercadotecnia política empieza a ocupar un papel más importante en las estrategias de los partidos, en su búsqueda afanosa por la conquista del emergente mercado electoral. De esta forma, el incremento en el uso de la mercadotecnia electoral directamente aparece ligado al aumento de los niveles de competitividad política de la sociedad y a la diversificación y fortalecimiento de los institutos políticos que se disputan la titularidad de los espacios de representación pública.

Bajo este marco de referencia, emergen nuevos actores políticos que buscan ocupar diferentes espacios dentro de la representación pública. Como parte de las transformaciones, también se observa un reflujo de los proyectos ideológicos de carácter radical, que propugnan, por ejemplo, por la instauración de la sociedad socialista, para dar lugar a proyectos más moderados, centristas, los cuales se caracterizan por un mayor pragmatismo, tratando de ocupar diferentes espacios del poder político y, no solo, como en el pasado, el tener una presencia testimonial dentro de las contiendas político-electorales.

Dentro de este nuevo escenario de alta competencia, la mercadotecnia política empieza a cobrar mayor importancia, ya no sólo como disciplina académica, sino fundamentalmente como un instrumento para potencializar las posibilidades de triunfo de los diferentes candidatos o partidos políticos en las contiendas político-electorales.

Como parte de la nueva forma de hacer y entender la política, también se produjeron transformaciones importantes en la manera de hacer, diseñar y organizar campañas, político-electorales en nuestro país. Estas nuevas formas de hacer campaña, contrastan con los modelos predominantes en la época posrevolucionaria en el que se privilegiaban las concentraciones masivas y mítines por encima de la propaganda en los medios; los pobladores eran atraídos y llevados hacia el candidato, la credibilidad social en las elecciones era mínima y las urnas sólo formaban parte del protocolo para legitimar las decisiones cupulares y dotarlos de un ropaje democrático.

Las características principales de las campañas actuales o modernas son las siguientes:

a. Las campañas experimentan un fuerte proceso de secularización, se basan en el respeto al estado de derecho y de la noción de ciudadanía, además el principio de legitimidad del gobierno se funda en la soberanía y el voto popular.

b. Los medios electrónicos de comunicación monopolizan las campañas como los canales de distribución de la oferta electoral de los contendientes. De esta forma, la radio y televisión se convierten en los medios de campañas por excelencia, sustituyendo al contacto directo y a los mítines masivos, que si bien no desaparecen, pasan a ocupar un segundo plano en las estrategias contempladas en las campañas.

c. Se incorporan nuevas tecnologías en el proceso de comunicación política, como el uso de Internet, la informática y las telecomunicaciones, de tal forma que el elector que tenga acceso a la tecnología moderna puede ampliar la información y comunicación con el candidato y su equipo de campaña. La tecnología también ocupa un papel importante en la realización de impresos, estudios de mercado y promoción de los candidatos y sus plataformas electorales.

d. Las campañas políticas se orientan hacia los electores y no hacia las elites, ya que los votos cuentan y, a diferencia del pasado, definen el carácter de la representación política.

e. Se observa una creciente profesionalización de las campañas, en la que la improvisación y el empirismo dan lugar a campañas organizadas por consultores especializados y profesionales de las ciencias políticas, de la comunicación y la mercadotecnia política, entre otros; algunos de ellos provenientes de otros países.

f. Las campañas se realizan bajo un marco normativo más equitativo y organizado, crecientemente, por instituciones electorales autónomas regidas por los principios de imparcialidad, certeza y legalidad.

g. Las campañas electorales se realizan ante la predominancia de un sistema de partidos más competitivo e institucionalizado. Llega a su fin la hegemonía de un partido y se establece una mayor pluralidad.

h. Las encuestas de opinión pública preelectorales pasan a ocupar papales importantes en el diseño de las estrategias proselitistas de los partidos y candidatos, en la definición del mensaje, en la selección de los medios de promoción, en la definición de la plataforma electoral, así como en el desarrollo y evaluación de las campañas.

i. Finalmente, las campañas modernas se caracterizan por estar orientadas a cortejar un elector más volátil, con lealtades efímeras. De cierta manera, la nueva democracia genera el "hombre plástico", el cual es influenciado y moldeado por lo diferentes mensajes propagandísticos que son emitidos desde los diferentes medios de comunicación.

4. Las Campañas Posmodernas

Las sociedad predominante del siglo XXI será la del saber, donde el conocimiento se convertirá en la fuente del progreso y riqueza y, ya no, como en el pasado, la posesión de territorio, de recursos naturales o de capital. En estas sociedades posmodernas la política será conceptualizada, ante todo, como comunicación e intercambio simbólico. Las campañas en esta sociedad serán ejercicios proselitistas altamente tecnificados y sustentados en el conocimiento, la creatividad y el desarrollo de actividades directivas altamente profesionalizadas.

En este sentido, las campañas del futuro serán ejercicios proselitistas muy especializados y focalizados, sustentadas en un alto desarrollo tecnológico y una mayor profesionalización. Serán campañas sustentadas en la mente, el conocimiento y la creatividad.

Estas campañas se desarrollan bajo novedosos diseños constitucionales y electorales, así como en mercados electorales más inteligentes y diversificados. Serán, a su vez, campañas más complejas y más tecnologizadas.

De esta forma, las características y peculiaridades más importantes de las campañas del futuro, tendrán que ver con un nuevo diseño constitucional y electoral, la incorporación creciente de la tecnología de las comunicaciones y la informática, la "madurez" del mercado y su hiper segmentación, así como un mayor nivel de competencia interpartidista. Las siguientes son las características más distintivas.

a. Un nuevo diseño constitucional y electoral.

En materia de normatividad existe un enorme desfase entre el diseño constitucional que sustenta el régimen político y el electoral. Por ejemplo, las actuales campañas electorales se realizan bajo diseños constitucionales, a pesar de las reformas que se han efectuado en los últimos años, que datan de los años previos a al era del teléfono y las queremos seguir utilizando para organizar campañas en las "sociedades punto.com"

Estos diseños constitucionales surgieron en épocas muy diferentes a la que estamos viviendo actualmente y la que tendremos en el futuro. El clientelismo, el caciquismo y otras prácticas propias de gobiernos predemocráticos eran lo que predominaba en esas épocas. La ciudadanía, en su sentido amplio, no existía y los derechos políticos de los electores no eran respetados.

Sin embargo, en los últimos años ha habido cambios económicos, demográficos y políticos que demandan un nuevo diseño constitucional como tal y no sólo reformas o actualizaciones superficiales o de coyuntura. Se requiere un diseño constitucional posmoderno, que posibilite la consolidación y profundización de la democracia y que garantice el acceso de las mayorías a la riqueza nacional.

En este nuevo diseño, la toma de decisiones tenderá a se más colegiada, dejando atrás las prácticas verticales y unilaterales. De esta manera, los mecanismos de toma de decisiones comenzarán a transformarse de una configuración vertical a una de carácter más horizontal.

Las campañas posmodernas se desarrollarán, además, bajo un nuevo diseño constitucional y electoral, que atienda los requerimientos de la sociedad política para realizar elecciones más equitativas, respetando las libertades, los derechos humanos, las garantías individuales y, sobre todo, los derechos políticos de los ciudadanos.

b. Campañas altamente competidas

Las campañas del futuro serán diferentes ya que estarán orientadas a persuadir a un elector más educado, más informado, con intereses y necesidades mucho más especificas. De cierta manera, serán electores más racionales, conscientes de sus derechos como ciudadanos y más conocedores de los asuntos y temas políticos.

Estas nuevas características de los electores, aunadas a los nuevos diseños constitucionales y electorales, conllevarán a la creación de escenarios políticos de alto nivel de competencia, mayor pluralidad y donde la diferencia entre el éxito y el fracaso en las elecciones serán verdaderamente minúsculas. Esto implicará, el valor en su justa dimensión al ciudadano como el depositario de los poderes soberanos de la sociedad y no, como sucedía en el pasado, sólo como unas simples masas sujetas de manipulación y control. El nacimiento y desarrollo de nuevas opciones políticas partidistas será otra de las características distintivas del futuro, en el que no habrá la hegemonía de grandes partidos históricos, sino más bien de partidos coyunturales y de alianzas interpartidistas efímeras.

c. Un elector y una agenda diferenciada

Las campañas del futuro tomarán en cuenta las nuevas realidades demográficas, sociológicas y políticas que la posmodernidad traerá consigo para alcanzar sus objetivos. Por ejemplo, tendremos generaciones de jóvenes habilitados para votar y que desde su nacimiento tendrá una gran influencia por el medio televisivo. Por lo tanto, serán campañas mediáticas centradas en imágenes para movilizar sensaciones y sentimientos del elector.

La globalización crecerá una opinión mundial, ya no sólo nacional o local, que influirá en los asuntos políticos y en las decisiones que tomen gobernantes y ciudadanos en el ámbito local. El macromercado electoral, característico de las campañas modernas, dará lugar a cientos de micromercados electorales, cada uno con sus problemas, demandas específicas y dinámicas propias.

En este sentido, la agenda de las campañas también una metamorfosis mayor, tendiente a la diversificación y especialización, con el fin de atender a grupos específicos de electores. De esta forma, los temas de interés general, que fueron características de las campañas del pasado, darán lugar a campañas orientadas hacia los micromercados electorales. Los temas de la campaña tendrán que ver con la educación, las drogas, la felicidad humana, el estrés, la sexualidad, las relaciones humanas, el medio ambiente y los valores, entre otros.

d. Campañas digitales

La sociedad del futuro, llamada del conocimiento, se fundamentará en el desarrollo tecnológico, la investigación científica y el desarrollo de habilidades de aprendizaje. Este tipo de sociedad digital implicará una nueva forma de organizar las campañas. Por ello, las campañas del futuro serán campañas digitalizadas, también llamadas punto.com, basadas en el desarrollo de las telecomunicaciones, las nuevas tecnologías digitales y el avance de la informática.

En este orden de ideas, la Web será un instrumento muy importante de la política y la comunicación. En lo particular, la red se usará de manera intensiva por las organizaciones políticas en tareas de proselitismo electoral, organización, diagnostico sociopolítico, comunicación y definición de agenda de campaña.

Las estrategias y juegos de poder basados en la manipulación de la información, además cobrarán, una importancia mayor en la vida política. En estas campañas, por ejemplo, se usarán infotácticas, que son más que mecanismos de proselitismo electoral a través de dispositivos electrónicos y paquetes computacionales.

La interactividad y la lógica de red propias de la Internet, también ganarán más terreno. De esta forma, se incrementará el activismo electrónico. Los principales candidatos, por ejemplo, tendrán verdaderas estrategias por Internet para la organización de los activistas, la propaganda y la recaudación de fondos de campaña privados, entre otras cosas.

La votación futura o la emisión de la opinión podría hacerse desde la comodidad de la casa del elector utilizando la computadora y la Internet, como de hecho ya pasa en algunos países desarrollados como los Estados Unidos. Es así, como los medios y la computación permitirán una mayor interactividad entre los candidatos, partidos y electores, para dar paso a la democracia de alta tecnología. De esta forma, las redes informáticas y los dispositivos de mediación de masas incidirán sustancialmente en la renovación y substanciación de la política.

e. Ejercicio de nuevas formas de ciudadanía.

Una de las características más distintivas de las campañas del futuro tendrá que ver. Con el ejercicio de una nueva forma de ciudadanía, más libre y más informada, donde la manipulación del elector enfrentará mayores obstáculos. De esta manera, la diferencia sustancial entre las nuevas y añejas campañas, es que las tradicionales consideraban a los electores sólo una masa; las campañas modernas clientes y, las campañas posmodernas ciudadanos libres.

La construcción de la real ciudadanía también implicará un cambio en el tipo de campaña política que se privilegie, pasando de un enfoque negativo, basado en la calumnia, la difamación del adversario y la demagogia, a uno más constructivo y propositivo basado en agendas realistas, alcanzables y sensibles.

En el futuro, los electores generarán anticuerpos al marketing tradicional, por lo que será necesaria la creación de nuevos métodos y técnicas más creativas y sofisticadas para la persuasión del elector. Dentro de las campañas del futuro, el marketing de las ideas y las ideas-virus, las cuales son difundidas por la gente misma y tiene un alto poder persuasivo, serán las estrategias más comunes en la sociedad posmoderna. De esta forma, las campañas futuras ya no serán ganadas con el marketing tradicional, como se da en la actualidad, sino por le marketing posmoderno que es capaz de diseminar ideas semilla que se propagan fácilmente, con la intervención del propio elector y que logran resultados mucho más satisfactorios.

5. A Manera de Conclusión

El sistema político mexicano experimentará cambios sustanciales producto del proceso de transición política hacia la democracia a escala mundial, la globalización; el desarrollo tecnológico y los cambios culturales, demográficos y educativos del electorado. Las áreas que mayormente cambiarán serán la forma y estilo como se organizan las campañas político electoral del futuro.

Las campañas del futuro serán ejercicios proselitistas altamente profesionalizadas, sustentadas en la mercadotecnia política de alta innovación; entendida ésta, como una herramienta creativa para la construcción y mantenimiento de mayorías electorales más estables y claras, que buscan llevar a candidatos y partidos al poder, pero también se preocupa por dotarlos de legitimidad y consenso social.

Las campañas serán ejercicios proselitistas altamente tecnificados, muy especializados y focalizados, sustentados en un alto desarrollo tecnológico, el conocimiento y la creatividad. Las campañas se regirán por novedosos diseños constitucionales y electorales, así como por mercados electorales más inteligentes y diversificados. Serán, campañas más complejas y, a su vez, más creativas en la búsqueda de la constitución de mayorías.

En la sociedad posmoderna, no habrá un partido que hegemonice por amplio tiempo el poder como fue en el pasado, por lo que las lealtades electorales preocupantemente serán efímeras. Habrá una recomposición del entramado partidista, en el que, por igual, aparecerán y desaparecerán, sobre el escenario nuevos partidos políticos. Estos partidos serán más pragmáticos que en el pasado y las cuestiones de identidad ideológica pasarán a ocupar papeles poco relevantes. Por su parte, los órganos electorales pasarán a ser institutos autónomos realmente profesionalizados, apoyados en dispositivos electrónicos de alta tecnología e impulsores de la democracia directa vía Internet.

Los procesos políticos tendrán una mayor influencia de la opinión pública a nivel nacional y mundial. La democracia del futuro se sustentará en un régimen de opinión y comunicación. Candidatos y partidos tenderán a atender a la opinión pública y diseñar su mensaje, estrategias y planes proselitistas, tomando en consideración dicha opinión. La forma en que se vota, así como se vigila y organizan las elecciones también cambiará. De esta forma, los dispositivos y equipos computacionales altamente sofisticados ocuparán un lugar destacado en la vida política de México.

En las campañas posmodernas nos se podrá prescindir de los valores racionalistas de la modernidad, pero se buscarán esquemas alternativos y altamente sofisticados. Las campañas seguirán siendo instrumentos de la clase política y la sociedad, cada día más profesionales incorporando los avances tecnológicos en la lucha por el acceso al poder político; pero para los ciudadanos del futuro lo más importante no será saber quien gana las elecciones, como pasa en la actualidad, sino, básicamente, cómo se distribuye y ejerce el poder.

Las Redes en las Campañas Político-electorales:

Proselitismo y Persuasión Política Alternativa

1. Introducción

Hemos definido a las campañas electorales como procesos intensos de comunicación, proselitismo, organización y movilización electoral que realizan los partidos y sus candidatos con el fin, por un lado, de obtener el voto de los ciudadanos para ganar una elección a un cargo de representación popular y, por el otro, de retirarles apoyos y votos a los adversarios. El fin último de toda campaña electoral, aunque no el único, es construir mayorías electorales para ganar espacios de representación pública. Estos esfuerzos proselitistas son prácticas comunes en todos los países con sistemas políticos democráticos, quienes han institucionalizado las elecciones como una forma de disputa civilizada del poder entre diferentes grupos sociales y políticos.

En México, las campañas electorales tienen una vieja historia. La primera elección para definir a un representante popular, en lo que hoy se denomina Estados Unidos Mexicanos, se realizó en 1828, época que coincide con el inicio y la construcción del Estado Mexicano. A partir de esta fecha, las campañas empezaron a institucionalizarse, como ejercicios rutinarios para definir el carácter de la representación pública. Sin embargo, por muchos años las campañas se transformaron en meros ritos protocolarios para el acceso al poder político, ya que debido a la predominancia de un partido hegemónico de Estado, las contiendas eran realmente inequitativas y poco competidas.

A partir del inicio del proceso de transición a la democracia mexicana, que se dio a fines de la década de los ochentas del siglo XX, las campañas electorales empiezan a ser mucho más competidas y se transforman en mecanismos legítimos y genuinos, férreamente disputados por dos o más actores políticos, para el acceso al poder público. De esta forma, de meros ritos protocolarios las campañas se tornaron en verdaderas confrontaciones entre candidatos y partidos por la disputa del poder.

Hoy día, las campañas se han transformado en ejercicios sofisticados y modernos en los que se involucran e invierten grandes sumas de dinero, tiempo y recursos humanos para tratar de alcanzar o conservar el poder.

Debido al alto nivel de competencia inter e intrapartidista, los candidatos y partidos han ideado y utilizado todo tipo de estrategias para tratar de alcanzar sus objetivos políticos, tratando de persuadir y movilizar a un elector cada día más escéptico y reacio a la política.

De esta forma, ante la creciente crisis de imagen de los partidos y una mayor apatía ciudadana, se han buscado formas alternativas y/o complementarias para tratar de obtener un mayor número de votos, impulsando la creación de redes (sociales, familiares, de interés, político ideológicas) como parte de sus estrategias proselitistas.

Estas redes han posibilitado, por un lado, la incorporación de más ciudadanos a las actividades político-electorales que, de otra forma, sería muy difícil lograr, ya que, generalmente, predomina entre amplios sectores sociales un profundo recelo y desconfianza hacia los partidos y muchos de sus candidatos y, por el otro, las redes han permitido una mayor penetración y movilización electoral.

Como toda red, las redes en las campañas electorales, se sustentan en un conjunto de relaciones (sociales y políticas) que varían de acuerdo al grado de cercanía, confianza, amistad y compromiso en la que se establece dicha relación.[42]

En el presente capítulo, se hace una descripción de las redes impulsadas en las campañas electorales organizadas con el fin de aumentar la posibilidad de triunfo de los candidatos y partidos contendientes, partiendo de su conceptualización y descripción de usos, funciones, fines y tipos. Ademas, se hace un análisis sobre el debate contemporáneo sobre la situación actual y el futuro de dichas redes, de cara a los nuevos tiempos de hiper competencia intra e interpartidista, que caracteriza a la naciente democracia latinoamericana.

2. Las redes en las campañas

El concepto de red[43] nace en el campo de la informática para referirse a las interconexiones que se realizan entre diferentes terminales de ordenadores computacionales conectadas entre si, lo cual forma precisamente una red. En el área

---

[42] Véase Duran, Jorge, *Origen es Destino: Redes Sociales, Desarrollo Histórico y Escenarios Contemporáneos*, en Jorge y Rodolfo Tuíran (coordinadores), Migración, México Estados Unidos. Opciones de Política, CONAPO, México, 2000.

[43] Una red es un entramado en el cual existe interrelación entre los elementos que lo integran.

social, el concepto de redes sociales surge en 1934, con la publicación del libro: *Who Shall Survive?* escrito por Jacobo I Moreno, pionero de la sociometría.

En el caso de las campañas electorales, el concepto de red se utilizó por primera vez en los Estados Unidos de Norteamérica en 1994, como comité de apoyo ciudadano a las campañas legislativas, que luego adquieren el nombre de redes ciudadanas. En México, el uso de las redes en las campañas electorales se institucionalizó en la elección presidencial del 2000, cuando Vicente Fox, candidato de la Alianza por el Cambio (integrada por el PAN y el PVEM) impulsó el grupo de "Amigos de Fox, por su parte Francisco Labastida Ochoa (candidato por el Partido Revolucionario Institucional PRI), impulsó las Redes Ciudadanas con Labastida y Cuauhtémoc Cárdenas Solórzano (candidato de la Alianza por México integrada por el PRD y otros partidos de izquierda) promovió las Brigadas por la Democracia también llamadas "brigadas del sol azteca".[44] Actualmente, por ejemplo, como parte de sus planes estratégicos para enfrentar las elecciones intermedias del 2009, el PAN creó desde mediados del 2008 una serie de redes (educativa, salud, empleo, etc.) para informar a la población de los logros de su gobierno, además de sensibilizar a los electores sobre los alcances del cambio y, sobre todo, para estructurar una base social que le sea útil, políticamente hablando, para tratar de ganar la mayoría de las curules en la Cámara de Diputados federal y también avanzar en los comicios estatales y locales.

Las redes son *corpus* bidimensionales. Por un lado, son estructuras sociales solidarias y, por el otro, maquinarias electorales independientes, pero con coincidencias con un partido, coalición o candidato que permiten impulsar, en un sentido complementario (sumatorio), el trabajo proselitista, de organización, financiamiento y movilización política de los ciudadanos con el fin principal, por un lado, de ganar el mayor número de votos y, por el otro, de retirárselos a los opositores.

Como estructuras sociales, las redes forman parte de la sociedad, generalmente se integran, por ciudadanos que no militan en algún partido. Por lo tanto, son independientes de la nomenclatura partidista, aunque mantienen un alto nivel de coincidencia y cooperación con dichos institutos políticos, ya sea por simpatizar con sus ideologías, sus intereses, sus causas o banderas electorales, así como con el candidato que

---

[44] Desde 1997, el PRD bajo la presidencia de Andrés Manuel López Obrador impulsó la creación de las Brigadas del Sol como mecanismos de promoción del voto a favor de sus candidatos.

[45] Las redes sociales se basan en la teoría de los Seis Grados de Separación, formulada en 1967 por el psicólogo Stanley Milgram de la Universidad de Harvard. La teoría dice que dos personas cualesquiera del mundo están relacionadas entre sí por un máximo de 6 personas.

postula dicho partido o coalición. En este sentido, son estructuras solidarias que apoyan los trabajos que antaño realizaban únicamente los partidos políticos.

Como estructuras sociales, las redes se constituyen como un grupo de ciudadanos organizados y vinculados entre si, integrada por, al menos, seis individuos, quienes manifiestan, en libertad, su interés de trabajar por alcanzar los propósitos del partido o candidato objeto de su integración.[45]

En su carácter de maquinarias políticas, las redes buscan su constante crecimiento, tratando de ampliar, al máximo, el número de sus integrantes, con el fin de poder constituir y sumar una mayor fuerza electoral. El propósito central es lograr el apoyo y la integración de otros ciudadanos para apuntalar las estrategias y causas enarboladas por el partido y su candidato.

Esta dualidad, el ser una estructura social y a la vez funcionar como maquinaria electoral, le permite a la red una mayor flexibilidad y pluralidad que no tiene propiamente el partido, aumentando las posibilidades de aceptación y penetración social. De hecho, en algunos casos las redes se integran por una cantidad mucho mayor que el número de militantes del partido y logran atraer el voto de un mayor número de ciudadanos que los que puede lograr el partido por sí mismo.

3. La política en red

La política, como la red, implica una relación. Es la capacidad del individuo de relacionarse con los demás y de construir y cultivar una red de interrelación e intereses. En toda sociedad democrática, basada en la construcción de consensos sociales, el político que más relaciones afectuosas construya entre los diferentes individuos, grupos sociales y factores de poder, será el que más posibilidades tenga de lograr el éxito. Por el contrario, el político que se aísle, que se aleje de la gente y no cultive relaciones, será un mal político. Es decir, el futuro del político y su poder están en relación con la capacidad de construir y cultivar relaciones duraderas sobre la base del afecto y la creación de confianza y credibilidad.

Las redes se construyen a partir de gente que conoce a más gente. Gente que puede persuadir, reclutar, organizar y movilizar a otros, sobre la base de la amistad, cercanía, confianza, la comunión de intereses y el liderazgo. La red, como la política, también implica, integración. Integrar a los otros a sus proyectos, a sus ideas y a sus propósitos. Tambien integrarse con otros con quienes se han encontrado coincidencias y puntos en común, sin desconocer posibles divergencias. La red, como la política, también es asociación, la cual puede ser formal o informal, para alcanzar los mismos fines u objetivos.

4. El hombre red

Las redes sociales son consustánciales a la naturaleza del ser humano. Como ser gregario, el hombre requiere vivir en grupo, entablar cierto tipo de relaciones con otros individuos o cofradías, ya sea para mutuamente ayudarse, convivir, entretenerse o, simplemente, para sobrevivir. En el caso de la política, que sólo puede hacerse en grupos de dos o más individuos, las redes resultan ser los medios por excelencia para que un sujeto interesado en la política cumpla su propósito. De hecho, un buen político, en una sociedad democrática, es aquel que ha sabido construir y tejer una amplia red de relaciones, contactos, apoyos, simpatías y acuerdos políticos.

En las campañas electorales, las redes surgen como respuesta, por un lado, a la crisis de aceptación y confianza de los partidos ante los ciudadanos y, por el otro lado, por la necesidad de lograr un mayor número de apoyos electorales por parte de los votantes y así ganarle a la competencia. Esto es, los partidos enfrentan una grave crisis de credibilidad, confianza y legitimidad entre amplios núcleos sociales, pero los sistemas democráticos requieren los votos mayoritarios de los ciudadanos para legitimar a la clase o grupo gobernante. Por lo tanto, se requiere construir un amplio consenso social en una situación de crisis de los partidos políticos. De esta forma, las redes como estructuras paralelas pero complementarias a los partidos, buscan generar estos apoyos sociales, sabiendo que tiene una mayor posibilidad de aceptación y capacidad de persuasión social.

Las redes se constituyen, de esta forma, en las "caras amables" del entramado institucional del candidato para hacer política electoral y atraer el apoyo social, sin que medie una mayor vinculación y compromiso del ciudadano con el instituto político.[46]

Las redes ademas surgen, por la existencia de un mayor nivel de organización y una mayor diversidad de estructuras sociales creadas desde la perspectiva de la sociedad civil, que tratan de incidir en el rumbo que tome el país y en las políticas públicas que se impulsan desde la esfera gubernamental. En la medida en que la sociedad se ha organizado más y mejor, en esa medida se crean condiciones y experiencias de liderazgo para conformar y dirigir redes que, en tiempos electorales, buscan ligarse coyunturalmente a candidatos y partidos en la búsqueda de los espacios de representación pública.

5. Su funcionamiento

---

[46] En regímenes pre-democráticos, las redes como estructuras políticas se utilizaron como un mecanismo de control político y para obtener información de los individuos.

Las redes tienen diferentes mecanismos de funcionamiento. En algunos casos, las redes son meros aglomerados sociales, con liderazgos difusos y estructuras amorfas, que se aglutinan en torno a candidatos carismáticos con el fin de dar su apoyo y buscar potencializar el respaldo ciudadano. En otros casos, las redes se constituyen bajo estructuras muy definidas, liderazgos fuertes y arduas dinámicas de trabajo, logrando una real motivación de sus integrantes para realizar el trabajo proselitista.

El principio que rige el funcionamiento de una red es el reclutamiento afectivo, la confianza social o un interés intrínsico, de tal forma que un individuo puede reproducirse exponencialmente a través de una serie de relaciones con amigos, familiares, compañeros de trabajo, vecinos y conocidos, en general.[47] De esta manera, un individuo puede invitar a otro a integrarse y este a su vez a otro y así ir creciendo la red, tipo pirámide como se utiliza en el sector empresarial, hasta llegar a un nivel esperado. En la medida que la red crece, también aumenta, en la misma proporción, el poder e influencia del iniciador o líder de la misma, constituyéndose como nodo o estructura neuronal de dirección, ya que en toda red se crean nodos que se entrelazan con sus pares de manera exponencial.

En toda red existe un sistema de recompensas por el trabajo realizado y por los resultados obtenidos por sus integrantes y cuadros de dirección, que incluyen desde el reconocimiento público, el ascenso a posiciones de mayor liderazgo hasta la retribución económica ligada al desempeño. Toda red ademas, requiere, de los materiales y el apoyo económico para poder funcionar, el cual puede obtenerse mediante el autofinanciamiento o el subsidio por parte del partido o por donaciones especiales.

Los integrantes de la red reciben información oportuna y de calidad sobre la campaña, el candidato, la plataforma electoral, las acciones a seguir, sobre los opositores y acerca del contexto y coyuntura de la elección. Realizan trabajo de proselitismo, organización y movilización electoral. Entregan propaganda puerta a puerta, reclutan a nuevos integrantes que simpatizan con la causa y, en general, buscan el voto de los ciudadanos, privilegiando el contacto directo con los votantes.

A nivel de dirección, la red utiliza un sistema de comunicación ágil y eficiente, como puede ser el uso de Internet, las páginas Web y el directorio telefónico. A nivel operativo, el medio de comunicación por excelencia es el contacto directo entre sus integrantes y cuadros de dirección, también llamados coordinadores, así como por medio de periódicos murales y pintarrones informativos.

Las redes se articulan e integran de diferente manera, sin contar con una estructura orgánica única. Sin embargo, todas ellas comparten un núcleo central de dirección, así

---

[47] Este principio nos ayuda a conceptualizar la política como el arte de saber gestionar los afectos de la gente. También es el arte de saber relacionarse y asociarse con los demás para alcanzar los propósitos buscados.

como una serie de ramificaciones e interconexiones a modo de nodo, tratando de cumplir su encomienda principal. Esto es, toda red cuenta con una coordinación que conforma su liderazgo, así como un grupo de ciudadanos, quienes conforman el cuerpo de la red. Estos grupos pueden trabajar en comisiones, brigadas, células o corrientes para cumplir su encomienda.

No obstante el contar con esta estructura básica, es importante hacer notar que las redes tienen la libertad de generar su propia estructura organizativa, realizar los vínculos y relaciones con sus pares u otras organizaciones con los que haya coincidencias políticas o programáticas, siempre y cuando se respeten las direcciones genéricas dadas por su estructura de liderazgo.

6. Sus fines

Las redes en la campaña cumplen cuatro grandes funciones sustantivas y dos funciones adjetivas. Las funciones sustantivas tienen que ver con la razón de ser de la red, mientras que las adjetivas son funciones complementarias que ayudan a que la red cumpla sus objetivos intrínsecos.

Las funciones sustantivas son: 1) El reclutamiento, 2) La persuasión, 3) La organización y 5) La movilización electoral. Las funciones adjetivas son: 1) La capacitación político-electoral y b) La motivación a sus integrantes para asegurar su permanencia y el entusiasmo en el trabajo.

El reclutamiento implica todas las actividades ligadas a la incorporación de nuevos miembros a la red, basado en relaciones de amistad, confianza, identidad, autoridad, compadrazgo, liderazgo, vecindad, interés o de parentezco. El nivel e intensidad del reclutamiento permite a la red su ampliación, crecimiento y diversificación, no sólo a nivel numérico, sino también en grado de especialización. Es decir, el reclutamiento permite incrementar el número de miembros, pero el perfil de los mismos posibilita aumentar su calidad.

El reclutamiento principalme se da vía el contacto directo, aunque últimamente se han desarrollado, el uso de las nuevas tecnologías de la información para ampliar el número de miembros integrantes de la red.

La persuasión implica cierto convencimiento, motivación y adoctrinamiento político, de tal forma que los miembros de la red acepten como suyos los principales planteamientos, valores y objetivos de la organización, en su vinculación con el partido y candidato, para que asuman como propias las tareas y conozcan las actividades y planes principales que realiza este conglomerado social. Persuadir tambien implica, comunicar principios y adaptarlos para convencer y adoctrinar.

La organización implica darle coherencia, estructura y dirección a los integrantes de la red, así como a sus acciones y determinaciones. Todo conglomerado social, especialmente las redes en campañas, requieren una estructura organizativa flexible y dinámica, pero sustentada en el orden, la disciplina y la organización.

La movilización es otra de las funciones sustantivas de la red, lo cual implica la participación de sus integrantes en las diferentes tareas como mítines, visitas domiciliarias, reparto de propaganda y en todo tipo de reuniones y acciones proselitistas, principalmente, la movilización de electores el día de los comicios para que voten y convenzan a otros para que también voten por una opción previamente determinada.

La capacitación, como actividad complementaria, se realiza para que todos los integrantes de la red puedan desempeñar su función de manera adecuada, proporcionándoles los elementos en materia política, electoral y procesal, necesarios para el cabal cumplimiento de sus objetivos y tareas. La capacitación se proporciona por diferentes medios y con la extensión y profundidad que la situación y los recursos de la red lo permitan.

La motivación forma parte de las actividades de la red, cuyo objetivo es lograr que sus integrantes permanezcan contentos dentro de la organización, que realicen su encomienda y que lo hagan de manera "adictiva."

Adicionalmente a las funciones sustantivas y adjetivas aquí señaladas, las redes cumplen una función ideológica y política como estructuras de mediación y organización social, posibilitando una mayor incorporación de ciudadanos al sistema político predominante.

7. Sus tipos

En el campo de las campañas electorales, son cinco los tipos de redes que más se han impulsado por diferentes grupos sociales y políticos en su vinculación con los partidos y sus candidatos. Estas son: 1) las redes sociales, 2) familiares, 3) de interés, 4) las político-ideológicas y 5) las redes integrales.

Las redes sociales se integran con diferentes ciudadanos, generalmente, sin militancia partidista, pero que simpatizan con el candidato, el partido o su plataforma electoral. El espacio territorial de trabajo proselitista de estas redes generalmente son, generalmente, el vecindario (colonia, barrio, ejido, comunidad o pueblo) y los actores centrales sujetos de persuasión son los vecinos o los ciudadanos. En estas redes, el trabajo de reclutamiento y persuasión política se sustenta en el conocimiento, la amistad, la confianza, la cercanía e identidad de propósitos entre el iniciador de la red y los demás integrantes.

Las redes familiares, por su parte, se sustentan en el parentesco, siendo el núcleo central de proselitismo la familia y sus diversas ramificaciones. En el caso de la mayoría de los países latinoamericanos, la familia se constituye como la célula fundamental de la sociedad, la cual es generadora de un alto nivel de confianza y credibilidad entre sus integrantes, lo cual es aprovechado para realizar el trabajo de proselitismo y movilización electoral.

Las redes de interés se constituyen por grupos y organizaciones sociales y políticas, como los sindicatos, las organizaciones no gubernamentales, las cámaras empresariales y los grupos políticos que existen en las universidades, dependencias públicas y organizaciones religiosas, entre otros. El núcleo aglutinador de estas redes es la comunión de intereses y cosmovisiones compartidas.

Un ejemplo de lo que es una red de interés lo constituye el grupo de maestros del Sindicato Nacional de Trabajadores de la Educación (SNTE) que dirige Elba Esther Gordillo en México, misma que pone a disposición de los partidos y candidatos, principalmente del Partido Revolucionario Institucional (PRI) y del Partido Acción Nacional (PAN). Esta red se financia con las cuotas de los maestros y el subsidio gubernamental, ya que, en su mayoría, sus integrantes están "comisionados al sindicado," lo que les permite a sus dirigentes la negociación de prebendas y posiciones políticas.

De acuerdo a Noé Rivera Domínguez Aguilar, esta red es toda una estructura tecnificada y capacitada en materia política y electoral, la cual está compuesta, por al menos, 61,403 miembros, que les permite conformar una estructura amplia a lo largo y ancho del país, la cual está principalmente especializada en la movilización y persuasión electoral.[48]

Esta red se compone de cuatro grupos, vinculados y relacionados entre sí. El primer grupo, que conforma la estructura electoral, está integrado por los consejeros electorales ante el Instituto Federal Electoral (IFE) y los coordinadores electorales, quienes manejan la información actualizada y los acuerdos a los que llegan los consejeros de este órgano electoral. El segundo grupo es la estructura de observación electoral. El tercer grupo lo integra la estructura de operación electoral y el cuarto el de movilización. Esta red mantiene una estructura de dirección, la cual siempre reporta y está a disposición de los mandatos de la dirigente del SNTE, Elba Esther Gordillo.

---

[48] Sonia del Valle, *Operan al Margen del IFE*, Periódico Mural, 21 de enero del 2007, Sección Nacional, p. 3.

Las redes ideológico-políticas, generalmente son más pequeñas que las otras redes, sustentándose en el adoctrinamiento y la compatibilidad ideológica. Lo integran ciudadanos que comparten una misma doctrina o credo ideológico, mismo que concuerda con el del partido o candidato que apoyan. Los integrantes de las redes ideológicas son individuos altamente politizados, pero generalmente ajenos a los partidos, quienes prefieren mantener su independencia.

Finalmente, se encuentran las redes integrales, conformadas por diversos grupos sociales, ONGs, ciudadanos sin partido, familiares, grupos de interés y por toda clase de ciudadanos organizados desde la perspectiva de la sociedad civil, quiénes participan activamente en momentos electorales apoyando a candidatos y partidos que buscan un puesto de representación popular.

En las campañas, las más comunes y las que generan un mayor número de votos son las redes sociales y las redes de interés, aunque también las otras redes ayudan a complementar el trabajo del partido y a movilizar, políticamente hablando, a más ciudadanos en tiempos electorales.

Los elementos motivadores presentes en toda red son el sentido de logro, la identidad y comunión de intereses entre sus integrantes, la posibilidad de acceso a las estructuras de poder, las coincidencias político-ideológicas y, en algunos casos, incluso el estímulo económico. De hecho, en muchos casos, el propósito de la red es que determinado candidato llegue a la posición de poder para luego obtener algún beneficio particular para sus integrantes u órganos de dirección[49] o para evitar que algún adversario, a quién consideran una amenaza, pueda llegar a algún puesto de gobierno.

Los principales problemas que se pueden presentar en la conformación y operación de la red son la simulación, corrupción, desmotivación, apatía o desgano, la desorganización y la falta de liderazgo en las estructuras de dirección.

8. Comentarios finales

Las redes forman parte inherente de la política, ya que no puede haber política sin relaciones e interrelaciones. En el pasado, las redes se han impulsado como parte de las estrategias de los partidos o candidatos de manera informal y, hoy día, de manera más

---

[49] De hecho, muchas de las redes que se conforman al calor de los procesos electorales tienen como finalidad central el impresionar y agradar al candidato, tratando de obtener un beneficio futuro, más que el de realizar un verdadero trabajo de proselitismo, organización y movilización electoral.

estructurada. Toda red se rige por un sistema de relaciones, influencias e identidades programáticas.

Ante la creciente crisis de los partidos, surgen las redes como formas alternativas para realizar un proselitismo electoral más eficaz que, si bien no sustituye al partido, si lo complementa aumentando sus posibilidades de triunfo. De hecho, la política en los tiempos modernos se hace en red.

Las redes en las campañas electorales cumplen varios objetivos. Los más importante son el de compartir y difundir información entre los ciudadanos, reclutar a nuevos miembros, persuadirlos, coordinar los esfuerzos organizativos y movilizar a los votantes el día de los comicios electorales.

Las redes se constituyen como medios alternativos de los partidos y candidatos para generar influencia entre los votantes y así poder construir mayorías electorales estables, que es el sustento de todo sistema democrático.

Una de las características distintivas de las redes es que abordan su participación en las campañas electorales desde la perspectiva de la sociedad civil, estructuralmente manteniéndose independientes de los partidos, a pesar de que, en tiempos de campaña, funcionen como maquinarias electorales de los partidos y sus candidatos. Sin embargo, pocas redes sobreviven la etapa electoral, resultando, en consecuencia, efímeras.

Las redes en las campañas electorales constituyen una nueva modalidad de hacer y entender la política en los tiempos modernos, contribuyendo a incorporar a más ciudadanos a los procesos electorales y a fortalecer, en consecuencia, el sistema político de cuño democrático. En muchos casos, las redes ayudan a mejorar el nivel de competitividad del sistema electoral e inciden en el incremento del grado de confianza social hacia las organizaciones partidistas. En este sentido, su incidencia en la construcción de una nueva cultura política y en la reducción del abstencionismo es innegable.

Sin embargo, los partidos políticos y sus candidatos, muchas veces, sólo utilizan las redes para alcanzar sus objetivos políticos, olvidándose, una vez que ha pasado el proceso electoral, de dar continuidad y cumplimiento a los compromisos contraídos con los integrantes de la red. Esto genera un grave daño a la política. Además, algunas veces las redes se constituyen como estructuras electorales paralelas a los propios partidos, perjudicando la institucionalización partidista e imponiendo más tensiones al de por sí débil sistema de partidos.

Tecnomarketing Político:
La mercadotecnia en la era de la información

1. Introducción

La mercadotecnia política es producto del proceso de transición a la democracia, la construcción del mercado electoral y el desarrollo tecnológico. Sin democracia, no puede haber mercadotecnia, ya que sólo este sistema político se sustenta en la construcción de consensos sociales y electorales. Por su parte, los sistemas totalitarios y autoritarios son regímenes de coacción, control, violencia y represión.

La mercadotecnia además, supone, la emergencia y desarrollo de los mercados electorales, quienes son "disputados" por una serie de partidos políticos y candidatos. Es decir, sin mercados electorales no puede haber mercadotecnia política. Finalmente, la mercadotecnia es producto del desarrollo de las nuevas tecnologías de la información y de la era digital. De hecho, sin temor a equívocos se puede decir que el sistema político de cuño democrático posibilitó el nacimiento de la disciplina, mientras que la tecnología ha permitido su evolución y desarrollo.

¿De qué manera las nuevas Tecnologías de la Información y la Comunicación (TICs) han impacto a la mercadotecnia política y la forma en que hoy día se organizan y diseñan las campañas electorales? ¿Se puede pensar en campañas profesionales sin la presencia de la tecnología? ¿Qué cambios tendrán las campañas electorales producto del desarrollo de la información? Estas y otras interrogantes, tratarán de responderse en este capitulo.

2. Las campañas políticas y las TICs

Las campañas electorales son esfuerzos proselitistas que realizan candidatos y partidos en la búsqueda del voto de los ciudadanos. Hoy día, estos esfuerzos proselitistas se han profesionalizado y especializado, de tal forma que han incorporado conocimientos de frontera en el campo de la mercadotecnia política, así como nuevas tecnología de la información. De hecho, las campañas son, en esencia, paquetes tecnológicos y de información orientados a la conquista de los mercados electorales.

Hoy día, las TICs se usan, hoy día, tanto para la investigación y segmentación de mercados electorales como en el proceso de comunicación política, la auditoria y construcción de imagen, así como en las acciones proselitistas y de persuasión de candidatos y partidos hacia los ciudadanos.

Para la investigación de mercados político-electorales, por ejemplo, se han diseñado una serie de paquetes computacionales que permiten el procesamiento de datos, el cruce de información y la interpretación de resultados de manera rápida y oportuna. Además, ya existen dispositivos ópticos que permiten el levantamiento de la información y su concentración de manera automatizada, para su procesamiento en un corto tiempo, economizando y reduciendo los esfuerzos en la investigación.

La comunicación política, en la era mediática, también se sustenta en el desarrollo tecnológico, ya sea a través de la televisión, la telefonía, la Internet, la radio, las impresiones digitales y el perifoneo, por señalar algunos. De hecho, la comunicación política se ha desarrollado gracias a los avances tecnológicos y, sobre todo, a la socialización de los dispositivos electrónicos, computacionales y de telecomunicaciones.

La auditoria y construcción de imagen, como un elemento central de las campañas modernas, también se sustenta en el desarrollo tecnológico, ya sea a través de paquetes computacionales para la investigación de la percepción de los electores sobre la imagen de los candidatos y partidos, la difusión de campañas promociónales para la construcción de imagen por medios electrónicos, así como la impresión de una serie de elementos publicitarios y objetos utilitarios con fines promocionales.

Finalmente, el desarrollo de las TICs ha posibilitado la construcción de bases de datos de los electores que permite a los candidatos y partidos afinar sus estrategias proselitistas de contacto directo y comunicación con los ciudadanos, permitiendo un enfoque y atención particularizada con ciertos sectores sociales, así como la promoción de una serie de redes de proselitismo electoral.

3. Nuevos dispositivos y tecnologías electorales

Significativamente, los modernos equipos de cómputo y las TIC han impactado la forma en que se realiza y procesa la política en nuestro país, pasando de formatos tradicionales, tortuosos, costosos y poco eficientes, hacia modelos mucho más económicos, rápidos, eficientes y de alta penetración social.

El impacto ha sido de tal magnitud que, en los últimos años, se ha creado una verdadera revolución en la forma como se realizan y organizan las campañas electorales, incorporando conocimientos de frontera y una serie de técnicas y estrategias de mercadotecnia política, así como dispositivos tecnológicos que proporcionan ventajas competitivas en la búsqueda o conservación del poder político.

El nuevo canal tecnológico por excelencia y de amplio crecimiento para las campañas es la Internet, ya que toda campaña electoral moderna, hoy día, se apoya en una página Web. Este portal político cubre varios objetivos estratégicos: informar a los electores; organizar a los militantes y simpatizantes del partido o candidato; reclutar apoyadores; promocionar la plataforma electoral y al candidato; establecer contacto, vía Internet, con los ciudadanos; política y electoralmente capacitar a los equipos de campaña; consultar a los electores y construir una agenda de gobierno.

A través del portal, se puede informar a los electores sobre las propuestas, ideas y pensamientos del candidato, la plataforma del partido, así como las posiciones del candidato sobre un determinado tema de interés general como puede ser la guerra, las políticas económicas y el problema de la inseguridad pública y el narcotráfico, por señalar algunos.

El mismo portal puede también servir para organizar a los militantes, miembros de un equipo de campaña y simpatizantes del candidato, ya sea informándoles sobre la estructura organizacional de la campaña (división del trabajo, jerarquía y niveles de responsabilidad), indicándoles sobre las tareas y acciones proselitistas que hay que realizar, así como la agenda de giras y eventos de la campaña y del candidato. Es decir, a través de la Web se pueden conformar equipos de campaña completamente intercomunicados, en tiempo real e integrados bajo una estrategia única e innovadora.

A través de la Web, además se puede, reclutar apoyadores para la campaña y buscar financiamiento para los trabajos proselitistas y de comunicación política, haciendo uso, para ello, de formularios electrónicos y de las facilidades para efectuar depósitos y transferencias por E-Banking, que son servicios bancarios en Internet. Estos voluntarios son ciudadanos que tienen un interés especial en participar y colaborar con el candidato, ya sea invitando a sus vecinos, familiares y amigos a votar, o incorporándose de lleno a los trabajos organizativos y proselitistas de las campaña. Mediante un icono y un apartado especial en dicha página, se puede además, hacer un llamado a todos los ciudadanos interesados en aportar recursos ya sea materiales o económicos, o a sumarse a la campaña.

La Web también es un excelente medio para la promoción, más a profundidad, de la plataforma electoral del candidato y de los documentos básicos del partido, ya que este medio permite la disposición de documentos en extenso para todos aquellos interesados en ampliar la información. Adicionalmente, a través de la Web, se puede promocionar el candidato, dar a conocer su currículo, experiencia, puntos de vista e ideario, lo que resulta de especial relevancia.

Un buen diseño de un portal de servicios además posibilita el contacto del candidato, partido o equipo de campaña con los electores, ya sea a través del diseño de una serie de encuestas de opinión en la que los electores pueden manifestar su punto de vista sobre un tópico en lo particular, a través de un grupo de discusión o por medio del buzón digital de cartas al candidato usando el correo electrónico. La comunicación sincrónica y asincrónica es posible y de gran efectividad principlamente usando las TICs, a través de redes sociales tecnlogizadas como el Twitter y el Facebook, entre otras.

También la Internet es un instrumento ideal para la capacitación, motivación y actualización de lo equipos de campaña, ya sea a través de cursos en línea, los grupos de discusión y las sesiones remotas. De hecho, la Internet se está convirtiendo en un medio de educación que posibilita la formación de cuadros y la preparación política de alto nivel, usando los medios digitales no sólo para la organización política, sino también para aprender. A esta modalidad se le conoce como E-Learning.

Finalmente, la Web también sirve para consultar a los ciudadanos sobre los temas que más les preocupan, les interesan y desean que el candidato retome como parte de su agenda de gobierno. En este sentido y de cierta manera, la Internet se ha convertido en un medio que posibilita, a pesar de sus limitantes, la consulta pública y aporta elementos informativos importantes para la conformación de un paquete de políticas públicas útiles para el ejercicio futuro de gobierno.

4. Comentarios finales

A futuro, las campañas electorales y las estrategias proselitistas de los partidos y candidatos a los diferentes puestos de elección popular se sustentarán, de manera más amplia, en las nuevas TIC, buscando obtener datos oportunos y de calidad que les permita afinar estrategias especificas para la conquista de los mercados electorales y, en consecuencia, para poder disputar o conservar los espacios de poder público.

De esta forma, las campañas se convertirán en verdaderas "guerras informáticas" por la disputa de la mente y voluntad del electorado. En estas confrontaciones, los candidatos y sus estrategas de campaña serán verdaderos guerreros informáticos en la búsqueda del voto ciudadano, utilizando paquetes y dispositivos computacionales que les posibiliten un targeting preciso y, en consecuencia, obtener ventajas competitivas para ganar las elecciones. Estos guerreros informáticos desarrollarán una serie de infotácticas y estrategias de información y comunicación sustentadas en la cibernética y las nuevas tecnologías de la información.

Así, el viejo adagio popular que señalaba que "la información es poder," está resurgiendo bajo una versión modificada que señala que "el conocimiento es poder y sólo a través del conocimiento se puede obtener y conservar el poder." De esta forma, la mercadotecnia política y la tecnología de la información se funden e integran para dar lugar a una especie de nueva disciplina, que bien pudiera llamarse tecnomarketing político, entendido esta como "el arte de persuadir a los electores y ganar los comicios utilizando las nuevas tecnologías de la información".

La ciber campaña de Barack Obama

1. Introducción

Toda campaña electoral implica un ejercicio de comunicación persuasiva que realizan, previa a la jornada electoral, partidos, candidatos, equipos de campaña y simpatizantes con el fin, por un lado, de obtener el voto de los electores y, por el otro, de evitar que sus opositores ganen la contienda. Es decir, toda campaña electoral es, en esencia, una actividad de comunicación orientada a construir mayorías electorales y acceder, en consecuencia, a una posición de representación pública.

En estas campañas, las estrategias de comunicación que impulsan los candidatos, sus partidos y simpatizantes juegan un papel decisivo, ya que las campañas electorales se ganan o se pierden a nivel estratégico y táctico. Esto es, las estrategias de comunicación pueden determinar el éxito o el fracaso de una contienda electoral, ya que también hay campañas equívocas e insípidas que no logran una conexión emocional, ni un efecto persuasivo hacia los electores.

Las estrategias de comunicación de una campaña son acciones deliberadas (generalmente creativas e inteligentes), que realizan los candidatos, partidos, equipos de campaña y simpatizantes, orientadas a crear y mantener ventajas competitivas y comunicar mensajes a grupos específicos de electores, usando distintos medios, con el objetivo de persuadir, motivar, movilizar y lograr el respaldo y el voto de los ciudadanos.

Toda estrategia de comunicación debe, entre otras de sus características, formularse con anticipación a su implementación, buscar alcanzar un objetivo determinado, estar direccionada hacia un target especifico, generar un impacto en el comportamiento o conducta del elector, contrarrestar a los grupos o candidatos opositores y, sobre todo, movilizar los sentimientos y emociones de la gente para lograr el voto a favor de sus impulsores.

Una de las campañas internas que sobresalió en el contexto internacional, en materia de estrategias de comunicación política fue la que se desarrolló en los Estados Unidos de Norteamérica por parte de Barack Obama, desde finales del 2007 y hasta mediados del 2008. En este último capitulo, se describen y analizan las estrategias de comunicación que utilizó Barack Obama para obtener la postulación como candidato del Partido Demócrata a la presidencia de los Estados Unidos de Norteamérica en la elección primaria, derrotando a Hilary Clinton e imponiéndose como el candidato favorito que logró ganar contundentemente la contienda constitucional de noviembre del 2008.

2. Las campañas electorales

Las campañas electorales son, hoy día, procesos intensos de investigación, comunicación, proselitismo, organización, movilización y cuidado y defensa del voto que realizan partidos, candidatos, equipos de campaña y sus simpatizantes con el objetivo, por un lado, de ganar una elección y, por el otro, de evitar que la competencia logre obtener una mayoría de votos. Es decir, toda campaña implica la conformación de un frente de atracción de sufragios para la causa buscada y un frente de repulsión de votos para los adversarios.

La historia de las campañas electorales es tan antigua como lo es la democracia ateniense del siglo V a. C. en la antigüedad clásica. Sin embargo, las campañas electorales modernas, tal y como las conocemos actualmente, tienen una historia más reciente. La primera campaña política fue "la que llevó a cabo el primer ministro británico William Gladstone, entre 1876 y los 1880. Esta campaña (conocida como la *Campaña de Midlothian*, por la ciudad escocesa) consistió en una serie de discursos, algunos de más de cinco horas, sobre la política exterior británica en relación a las atrocidades que cometía el Imperio otomano contra los búlgaros."[50]

En los Estados Unidos de Norteamérica, la primera campaña electoral se realizó en 1793.[51] Esta campaña se caracterizó por utilizar estrategias de comunicación y contacto más directas entre los candidatos y sus electores. Sin embargo, con el avance de la tecnología y los medios de comunicación, principalmente electrónicos, así como con la instauración del voto universal (masificación del sufragio) las campañas electorales adquirieron un perfil preponderantemente mediático.[52]

Hoy día, las campañas se han transformado en ejercicios sofisticados y modernos en los que se involucra e invierten grandes sumas de dinero, tiempo y recursos humanos para tratar de alcanzar o conservar el poder. Estas campañas son ejercicios proselitistas

[50] Véase Campañas electorales en Wikipedia, http://es.wikipedia.org/wiki/Campa%C3%B1a_pol%C3%ADtica. Fecha de consulta 1 de julio del 2008.

[51] George Washington presidió en 1787 la Convención de Filadelfia que esbozó la Constitución de los Estados Unidos de América y en 1789, fue elegido de manera unánime como el primer presidente de los Estados Unidos.

[52] La radio se utilizó por primera vez en la campaña de 1924, y la televisión surgió en 1952 como el vehículo principal para comunicarse con los votantes. A partir de este año, la televisión se impuso como medio preponderante en las campañas electorales.

inteligentes, en las que los hombres e institutos políticos más astutos y capaces, logran conquistar la mente y el corazón de los electores, para ganar el voto a su favor. Estos esfuerzos proselitistas son prácticas comunes en todos los países con sistemas políticos democráticos, quienes han institucionalizado las elecciones como una forma de disputa civilizada del poder entre diferentes grupos sociales y formaciones partidistas.

En un contexto de mayor competencia inter e intrapartidista y con el desarrollo de las nuevas tecnologías de la información, principalmente la Internet, las campañas electorales han adoptado también un formato digital, utilizando la web y el e-mail como instrumentos para recaudar fondos, persuadir, organizar y movilizar a los votantes. Es decir, hoy día las campañas electorales han adquirido un perfil tanto mediático como digital, utilizando las nuevas tecnologías de la información y las comunicaciones como medios para ganar votos y ocupar espacios de representación pública.

Esto es lo que ha pasado, no sólo en Europa y América Latina, sino también en los Estados Unidos de Norteamérica, quien ha sobresalido a nivel mundial como país vanguardista en materia de innovación y creatividad en el tema de las campañas electorales. [53]

3. Las precampañas en los Estados Unidos

Como parte de su sistema electoral, los dos más grandes y representativos partidos de la Unión Americana (Demócrata y Republicano) han institucionalizado un procedimiento de competencia interna para postular a sus candidatos a la presidencia de la república, llamado popularmente como "elecciones primarias." Su historia se remonta a los inicios del siglo XX, cuando Theodore Roosevelt fue electo, mediante votación abierta, como candidato del Partido Progresista a la presidencia en 1901. Hoy día, estas elecciones inician en enero del año electoral, con los comicios estatales en Iowa y, concluyen, generalmente, en agosto con la realización de las convenciones nacionales de los dos partidos, en las que los delegados electos en los diferentes estados y los súper-delegados nominan oficialmente a su candidato presidencial.

Las últimas precampañas, tanto del Partido Republicano como del Partido Demócrata, concluyeron realmente en los meses de marzo y junio del 2008, respectivamente, cuando

---

[53] Estados Unidos fue el primer país donde se desarrollaron debates en televisión entre los candidatos presidenciales John F. Kennedy y Richard Nixon en 1960. En el 2008, los debates entre los candidatos se han realizado no sólo en televisión, sino contando, también, con el apoyo de Internet (*youtube*), lo cual permite que los ciudadanos realicen preguntas y cuestionamientos de manera directa por medio de videos a los aspirantes a ocupar la máxima magistratura.

John McCain ganó la mayoría de votos necesarios para ser postulado como candidato de los republicanos y Barack Obama como abanderado de los demócratas.

Está última precampaña ha sido calificada como una contienda histórica, no sólo porque compitieron en el lado demócrata, por primera vez, una mujer (Hilary Clinton) y un afroamericano (Obama), sino también, porque fue una elección primaria que logró la participación y entusiasmo de millones de estadounidenses, siendo capaz de arrancar a millones de votantes del desencanto y la apatía.

4. Las estrategias de comunicación de Obama

Ganar una elección es cuestión de estrategia política. Persuadir y movilizar a los electores, implica, además, una gran capacidad de comunicación, misma que se logra a través de un adecuado trazo estratégico. De acuerdo a Rafael Alberto Pérez (2007) la estrategia de comunicación es el conjunto de decisiones sobre comunicación (tácticas) preparadas de antemano por el comunicador y su equipo para el logro de los objetivos asignados, teniendo en cuenta todas las posibles reacciones de los otros jugadores (competidores-cooperadores), de sus audiencias (públicos objetivo) y/o de la naturaleza (cambios de las tendencias del entorno).

En la campaña interna del Partido Demócrata, Obama tuvo la habilidad para diseñar y poner en operación un adecuado trazo estratégico en materia de comunicación electoral, que finalmente le resultó favorable para alcanzar sus objetivos políticos. De esta forma, Obama logró imponerse en las elecciones primarias, gracias a lo certero de sus estrategias de comunicación. Supo comunicarse mejor con los votantes, persuadirlos, organizarlos y movilizarlos el día de las votaciones. Supo, además, conseguir no sólo su voto, sino también el apoyo financiero necesario para fondear su campaña.

La estrategia de comunicación de Obama, se centró en presentar al precandidato como un político diferente, que asegura cambiar, para bien, el caduco sistema político y gubernamental de los Estados Unidos. Un hombre de lucha, producto de la cultura del esfuerzo y con la energía y la visión necesaria para cambiar, de una vez y para siempre, la actual situación predominante, caracterizada por la recesión y la guerra. En este sentido, la estrategia de presentar a Obama de forma estereotipada como el candidato del cambio fue exitosa, ya que ningún mulato o afroamericano ha ocupado nunca el puesto de presidente de la nación más poderosa del mundo.

El estratega en jefe de la campaña de Obama, David Axelrod, elaboró el mensaje central de campaña "a partir de la propia biografía del candidato, de su personalidad contradictoria y su trayectoria, caracterizada por el esfuerzo, el compromiso, la determinación y la superación, proyectando como un relato épico la autenticidad de la historia de aprendizaje de la vida de Barack Obama."[54]

De esta forma, el senador por Illinois fue presentado a los votantes como el símbolo de la esperanza y el cambio, que muchos electores anhelan, para hacer suyo el sueño americano de bienestar y prosperidad, contrario a los intereses de la vieja y corrupta clase política, encumbrada en las estructuras de poder en Washington. Alguien con estatura similar o mayor a Martin Luther King, John F. Kennedy o Theodore Roosevelt, representantes del simbolismo de la política e historia norteamericana.

Sus asesores de campaña, lo supieron "vender" como el hombre global en la era de la mundialización, que es capaz de dialogar y generar los consensos necesarios, incluso, con los principales enemigos de los Estados Unidos. Un hombre de bien, pacifista y con el talante necesario para recuperar el liderazgo mundial a través de la diplomacia y no por la violencia y la imposición.

De esta forma, la estrategia de comunicación de Obama se centró en el principio de la bisagra, el cual se articula en dos grandes brazos: la campaña mediática y la campaña de tierra. La primera a través de los medios de comunicación, principalmente la televisión y la radio, y la segunda, a través de la internet y el contacto directo con los votantes. La campaña mediática, le permitió visibilidad, presencia y comunicación abierta hacia las masas del mensaje central de la campaña, mientras que la campaña de tierra, le posibilito la organización y el contacto directo con los votantes, además de la recolección de fondos para financiar su campaña.

De hecho, la campaña de Obama no sólo fue una de las más eficaces en la comunicación del mensaje del "cambio que la gente quiere y que el país necesita" a través de la Internet, sino también la mejor en la historia mundial en lo que se refiere a la recolección de fondos (más de 600 millones de dólares) para el financiamiento de las actividades proselitistas.

Esta estrategia de comunicación de Obama fue cuidada y pulida con esmero, tanto en materia de los mensajes que se emitió, el diseño de la página web, como el logo de campaña. De acuerdo a Gutierrez Rubí (2008), "el logo de Obama fue creado por la compañía *Sender LLC* de Chicago, una conocida agencia local de diseño de identidades corporativas y páginas web. Una de las características más interesantes del logo de Obama es su capacidad para declinarse, para transformarse, para adquirir capas de personalización y diferenciación según cada público. Recuerda al juego gráfico y estético

---

[54] Véase Antoni Gutiérrez-Rubí, Claves de la comunicación política de Obama, en http://www.gutierrez-rubi.es/?p=513, publicado el 07-Mar-08. Fecha de consulta, 3 de julio del 2008.

que utiliza Google con la fuerte base de reconocimiento tipográfico de su marca y los cambios que vemos en la página principal en función del calendario, del Día de San Valentín, o de cualquier otra referencia que pueda asociar la marca Google a un hecho "global". Lo mismo sucede con el logo de Obama y sus múltiples versiones: "Kids for Obama", "Veterans for Obama" o "Women for Obama".[55]

Todos ellos, agrega Gutierrez Rubí, con el anclaje visual de la letra "O". La primera letra de su apellido que diseñada con los colores de la bandera norteamericana (azul, blanco y rojo) configura su símbolo político de referencia. La misma "O" que forma parte de la palabra "HOPE". La misma "O" que se mantiene en la metamorfosis conceptual y gráfica que se ve en el vídeo "YES, WE CAN", al transformar "HOPE" en "VOTE" manteniendo la "O" cohesionadora, raíz común de una sólida arquitectura conceptual: **O**, H**O**PE, V**O**TE, **O**bama.[56]

Obama, además, creo una poderosa maquinaria de inteligencia y contrainteligencia, capaz de responder de inmediato, a través de las nuevas tecnologías de la información, a los diferentes ataques y rumores impulsados por sus adversarios.[57] De esta forma, por ejemplo, Obama dio una respuesta rápida y contundente a los ataques de sus adversarios. Cuando sus contrincantes lo presentaron como "un riesgo para el país," Obama cuestionó la ética de la ex primera dama, así como su experiencia real en la política exterior. Cuando Hilary Clinton señaló que Obama era un inexperto, lo que ponía en peligro a los americanos y que les iba a ser perder el empleo, el senador contestó "Hilary es un monstruo, está dispuesta a hacer lo que sea para ganar."

En el campo digital, Obama también tomó la delantera. De acuerdo a Mario Accurso, Obama les ganó, también, a sus adversarios, tanto a Clinton como a McCain la guerra en el mundo virtual. Por ejemplo, para el caso de contrincante en la elección constitucional, para el 11 de junio del 2008, Obama tenía 390,729 amigos en *MySpace*, frente a 53,259 de McCain. En la red social *Facebook*, Obama registró para esa fecha 928,905 partidarios,

[55] Véase Antoni Gutiérrez-Rubí, Claves de la comunicación política de Obama, en http://www.gutierrez-rubi.es/?p=513, publicado el 07-Mar-08. Fecha de consulta, 3 de julio del 2008.

[56] Véase Antoni Gutiérrez-Rubí, op. cit.

[57] Los ataques en contra de Obama han sido distintos. Los más comunes apuntan que el senador por Illinois "es un musulmán, que es un personaje débil, un político inexperto, ingenuo, sin experiencia en asuntos de política exterior ni en temas militares, que no está a la altura del desafío que reclaman los actuales tiempos."

[58] Véase Mauro Accurso, editor de NP y periodista de Clarín Zonal La Matanza, en http://www.nopublicable.com.ar/staff, publicado el 11-Jun-08. Fecha de consulta, 3 de julio del 2008.

mientras que el candidato republicano tan sólo 139, 749 seguidores.[58] En la campaña interna, Obama dejó muy atrás a Clinton, quien prefirió las estrategias mediáticas tradicionales y no supo articular una estrategia digital que le permitiera llegar a millones de electores estadunidenses que cuentan con una cuenta de internet.

Obama fue exitoso, además, porque en su lenguaje y en su retórica por excelencia acudió a un formato para- religioso, propio de un gran predicador, cargado de mensajes de esperanza, devoción y misticismo. Sus contrincantes, por su parte, recurrieron a una retórica habitual propia de los políticos tradicionales.

El triunfo de Obama se explica, también, porque fue el único de los precandidatos demócratas en hacer que la gente se organizara e hiciera campaña por él, logrando, de esta forma, cautivar el corazón de las masas, movilizar sus sentimientos y estableciendo un contacto emocional con millones de estadounidenses. Más que la campaña de Obama, ésta fue una campaña de la gente. De hecho, la mejor campaña que un político pueda tener es aquella que logra sensibilizar y excitar a los votantes, aquella que logra tocar las cuerdas sensibles de los electores y establecer una conexión emocional con los ciudadanos. Esto es lo que hizo Obama y su equipo de campaña y lo hizo de forma excelsa.

Sus habilidades discursivas, su encanto personal, su juventud, su imagen de hombre de familia y su religiosidad, aunada a su gran capacidad e inteligencia organizativa posibilitaron que ganara la nominación del Partido Demócrata y ganara la elección presidencial.

Uno de los aciertos más importantes de Obama fue mantener el lema central de la campaña durante los cinco meses de la contienda interna, evitando cambiarlo como sucedió en varias ocasiones con Hilary Clinton.[59] De esta forma, el cambio (El cambio en el que podemos creer) se convirtió no sólo en el mensaje central de Obama, sino también en la esperanza de millones de norteamericanos cansados de un presidente belicoso, autoritario, mentiroso y poco sensible a los problemas más sentidos de la gente.

Obama supo hacer, además, una crítica feroz y verosímil hacia el *establishment* de la política norteamericana. Supo aprovechar el hartazgo de la gente con el sistema político del país y logró venderse, desde el inicio de la contienda, como un candidato ganador,

---

[59] Hilary uso diferentes lemas en la campaña: inicio con el lema "Una candidata con experiencia." Al final utilizó el lema "cada voto cuenta."

[60] Obama tuvo la habilidad de presentarse como el *Mr. Clean* de Washington, el único candidato capaz de cambiar las cosas en ese país.

como el candidato del cambio y la esperanza, el único que puede limpiar la obscena política nacional.[60]

Su mensaje de campaña y su plataforma electoral abarcaron un sinnúmero de temas y propuestas, siempre de carácter propositivo, entre los que sobresalen los temas económicos, las relaciones internacionales, la educación y la salud, entre otros. En el caso de la guerra en Irak, Obama propuso una salida de las tropas de los Estados Unidos, de forma cuidadosa y responsable.

5. Las estrategias en la campaña presidencial

Toda campaña electoral implica la articulación de diferentes estrategias, ya sea de comunicación, imagen, persuasión, organización, movilización electoral y cuidado y defensa del voto. En la elección presidencial de los Estados Unidos de Norteamérica se implementaron diferentes estrategias de campaña tanto por los partidos contendientes como por sus candidatos.

Estas estrategias permitieron no sólo el posicionamiento de temas y la construcción de imágenes y percepciones entre los electores, sino también incidieron en moldear la voluntad y decisión de los votantes.

A continuación, se enlistan y describen las estrategias más utilizadas por ambos partidos y sus candidatos que le permitió, por un lado, al Partido Demócrata ganar con contundencia la elección y, por el otro, posibilitó que el Partido Republicano obtuviera más de 57 millones de votos.

a. Trabajo comunitario y de contacto con la gente

Las campañas electorales que se sustentan en el contacto directo de los partidos, sus candidatos y equipos de campaña con la gente tienen más posibilidades de persuadir a los votantes que aquellas que sólo lo hacen a través de los medios de comunicación. De hecho, ha sido demostrado científicamente que las campañas mediáticas refuerzan las preferencias existentes en la mente de los electores, pero lo que realmente genera la confianza, el apoyo y el voto es el contacto y compromiso directo del candidato y partido con los electores.

La estrategia de Obama, desde las elecciones primarias, estuvo centrada en apostarle al contacto directo con la gente, aprovechando su experiencia de trabajo comunitario. De esta manera, miles de jóvenes que se identificaron con las idea de un cambio substancial en la política norteamericana, se convirtieron en los activistas que llevaron el mensaje y las propuestas de Obama casa por casa, pidiendo el voto a su favor y, sobre todo, dando razones del por qué era necesario votar por el cambio.

Por su parte, McCain y el Partido Republicano también le apostaron al contacto directo con los electores, movilizando a miles de activistas, principalmente de grupos religiosos (como los evangélicos), para tratar de convencerlos de que Obama representaba una opción peligrosa para Estados Unidos y, sobre todo, que impulsaba una agenda muy liberal, como el apoyo a los matrimonios homosexuales y el aborto.

Sin embargo, los demócratas fueron más competentes en persuadir a los votantes, por medio del contacto directo, de que era necesario un cambio y que McCain representaba la continuidad de las políticas económicas y militaristas fallidas de Bush. Al final, esta estrategia le resultó muy funcional a Obama, principalmente en estados como Florida, donde tradicionalmente los republicanos habían obtenido un mayor número de votos en procesos electorales pasados.

b. Estrategias digitales

Las campañas en los Estados Unidos siempre han estado en la vanguardia en cuanto a uso de nuevas tecnologías. Por ejemplo, fue en este país, donde se transmitió, en 1960, el primer debate televisado entre John F. Kennedy y Richard Nixon, en la búsqueda de la presidencia de la república. En las pasadas elecciones del 2008, fue en esta nación donde, por primera vez, se uso la Internet (Youtube) junto a la televisión (CNN) en los debates presidenciales.

De igual manera, quien ganó la elección fue el que mejor supo articular las estrategias de comunicación, organización, financiamiento y movilización electoral a través del uso de las nuevas tecnologías de la información. En lo particular, la Internet en sus diferentes modalidades y el frente digital fueron dos grandes medios que utilizó Obama no sólo para ganar votos, sino también para contrarrestar los ataques de los adversarios.

De esta forma y ante una sociedad en red, las nuevas tecnologías de la información y la comunicación se convierten en instrumentos indispensables para ganar las contiendas electorales.

Los republicanos también le apostaron al frente digital, para tratar de ganar la elección, aunque no fueron tan exitosos. A través de la Internet impulsaron su campaña negativa para atacar, denostar y descalificar a Obama, a quien acusaban de ser un candidato sin experiencia y a quien no se le conocía, además, de acusarlo de ser musulmán y de tendencias radicales.

c. Estrategias mediáticas

Aunado a las estrategias de contacto directo y al frente digital, los demócratas también fueron muy exitosos en el frente mediático, impulsado una intensa y costosa campaña publicitaria en radio, televisión y prensa escrita. A través del frente mediático, no sólo hicieron llegar su mensaje a los electores, sino también atacaron a los republicanos, a quienes acusaron de incompetentes y responsables de la crisis económica y la conducción errónea de la guerra en Irak y Afganistán. De hecho, el carisma de Obama y su buen manejo en medios (sus dotes histriónicos) se convirtieron en una ventaja competitiva que le resultó favorable para ganarse la confianza y el apoyo de millones de norteamericanos. Por su parte, los republicanos usaron la publicidad mediática, principalmente para atacar y denostar a Obama, impulsando una campaña que más que propuestas e ideas estaba orientada a descalificar a su oponente.

d. Ataque y defensa

El ataque y la defensa durante las campañas electorales forman parte de la añeja tradición de hacer política electoral en los Estados Unidos. En estas campañas electorales, su acudió a la estrategia de atacar a los adversarios y tratar de defenderse de sus envestidas.

En este juego de descalificaciones, tanto McCain como Obama impulsaron campañas centradas no necesariamente en hablar de ellos y sus propuestas, sino, principalmente, de sus opositores y sus debilidades.

De esta forma, los demócratas cuestionaron las supuestas credenciales de guerra del abanderado republicano, maximizaron los escándalos de Sarah Palin, candidata a la vicepresidencia, y sobre todo, responsabilizaron a Bush y McCain de la crisis económica y de la pérdida de millones de empleos.

Los ataques de Obama, incluyeron la descalificación no sólo de su candidato, sino también de las políticas económicas y la filosofía de los republicanos que habían llevado a los Estados Unidos a una de las peores recesiones de su historia

e. Triangulación

La triangulación es una estrategia muy antigua usada en la política con el propósito de ganarle a la oposición ciertos sectores del mercado electoral. La idea central de esta estrategia es apropiarse o quitarles las "banderas electorales" a los adversarios para, de esa forma, también ganarles una parte de los electores que simpatizan y apoyan dichas "banderas."

Dick Morris hizo popular esta estrategia, aconsejándoles a los partidos conservadores y a sus candidatos que hicieran campaña con una plataforma de izquierda, apoyada en causas sociales y agendas populistas, para, de esta forma, ganar el voto mayoritario de la sociedad.

En las campañas presidenciales de los Estados Unidos la triangulación fue la estrategia que utilizaron ambos candidatos. Por un lado, Obama se presentó ante los electores con una agenda más conservadora, señalando, por ejemplo, que estaba a favor de que la gente portara armas, se redujeran los impuestos a las corporaciones y, sobre todo, apoyaba, en ciertos casos, la pena de muerte. Por el otro lado, McCain intentaba "venderse" como el candidato independiente, que había apoyado la reforma migratorio, que estaba a favor de un estado benefactor y, sobre todo que se había opuesto a la estrategia de guerra que había impulsado la administración Bush.

Es decir, ambos candidatos utilizaron la estrategia de triangulación para ganarles votos a los adversarios. Sin embargo, quien fue más competente en ganarse a la clase media, fue el abanderado demócrata.

f. Polarización

La polarización cosiste en presentarle al elector un dilema con sólo dos alternativas: los buenos y los malos; la continuidad y el cambio; el avance y el retroceso.

Esta estrategia de campaña fue utilizada astutamente por Obama, quien planteó a los americanos solamente dos caminos: "más de lo mismo" o el cambio que quería la gente. De esta forma, los demócratas vincularon los fracasos, errores y desatinos de Bush con McCain, publicitando que el abanderado republicano representaba la continuidad de las políticas que habían llevado al desastre económico y financiero a los Estados Unidos y eran los responsables del aumento de los precios de los combustibles y los alimentos. Es decir, Obama uso la estrategia de la polarización para ganar la elección, planteando maniqueamente el dilema continuidad versus cambio.

Por su parte, los republicanos, también, le apostaron a la polarización sobre la base de confrontar la experiencia de McCain versus la inexperiencia de Obama.

g. La estrategia de los puntos de ira

Esta es una estrategia muy utilizada en las campañas. Se sustenta en movilizar el enfado, el enojo, la frustración y la ira de los electores generados ya sea, por ejemplo, por problemas de corrupción, existencia de una crisis económica, una mala gestión gubernamental o abusos en el ejercicio de gobierno.

En la elección presidencial, los demócratas usaron esta estrategia para derrotar a los republicanos, movilizando el enfado, enojo, frustración e ira que generó entre los electores la crisis económica y financiera, así como el aumento de los precios de alimentos y combustibles y el desempleo.

De esta forma, culparon a los republicanos y a sus candidatos de todos los males que enfrentaban, publicitando que "de continuar los republicanos en el gobierno las cosas se empeorarían" y maximizando los errores del gobierno de George W. Bush. De igual forma, acusaron a McCain de compartir la misma filosofía económica y militarista de Bush, lo que generaría más desastre y sufrimiento para los americanos.

Por su parte, los republicanos también le apostaron a esta estrategia, tratando de movilizar a los electores más conservadores sobre la base del enojo, el resentimiento y la ira que generan el presentarle a Obama como un hombre sin fe y sin valores, que apoyaba, por ejemplo, los matrimonios homosexuales y el aborto o impulsaba la "rendición" de los Estados Unidos en Irak.

h. El mensaje de campaña

Los mensajes de campaña de los republicanos se centraron en cuestionar la inexperiencia y el radicalismo de Obama, además de presentarse como la única opción que garantizaba la seguridad nacional y el combate al terrorismo. Poner primero a la patria y después el interés de personal o de grupo fue también parte de la estrategia de comunicación de los republicanos.

Por su parte, el mensaje central de los demócratas fue el cuestionar los pobres resultados del gobierno de Bush y culpar a los republicanos de la catástrofe económica y financiera por la que atravesaban. De esta forma, contrapusieron el crecimiento económico y la época de bonanza del gobierno de Bill Clinton en contra de la crisis inmobiliaria y financiera durante el gobierno de Bush y el alto déficit fiscal.

De igual forma, cuestionaron sus equívocos estratégicos de la guerra en Irak y, sobre todo, se presentaron como la esperanza del cambio que beneficiaba a los norteamericanos.

i. La imagen del candidato

Otra de las estrategias muy utilizadas en las campañas electorales es tratar de definirles o crearles la imagen a los candidatos opositores y estimular la formación de una imagen propia en términos positivos. Es decir, si hay la capacidad de definir la forma como será percibido el candidato por parte de los votantes y, además, se le puede definir la imagen a los adversarios, seguramente se ganará la elección.

En el caso de la elección presidencial en los Estados Unidos, cada partido hizo su propio esfuerzo por tratar de construir una imagen propia y de construirle una imagen a sus opositores. Por ejemplo, los republicanos trataron de posesionar la imagen de McCain como un héroe de guerra, con experiencia y capacidad para enfrentar los desafíos y combatir a los terroristas. Por su parte, los demócratas promocionaron a Obama como alguien fuera del sistema político, que aseguraba el cambio que la gente quería y que representaba la cultura del esfuerzo y el trabajo.

Por su parte, los republicanos quisieron formarle la imagen a Obama de alguien sin experiencia, ni estatura para enfrentar los nuevos desafíos del gobierno, así como un personaje desconocido, impredecible, que quería negociar sin condiciones con los enemigos de los Estados Unidos y, sobre todo, que no tenía conocimiento de seguridad nacional y lucha en contra del terrorismo.

A su vez, los demócratas pintaron a McCain como un hombre sin determinación y sin lealtades ni principios, como un individuo egocéntrico que había creado artificialmente una historia novelesca de héroe de guerra, que distaba mucho de la realidad. Un personaje que no podría impulsar al cambio en Washington, ya que pertenecía a la misma clase política y mantenía una serie de intereses y componendas con los grupos de poder del capitolio. Alguien que representaba la continuidad del desastre y las calamidades en las que había metido el presidente George W. Bush a los americanos.

j. Los avales

Una de las estrategias que utilizaron exitosamente los demócratas fue la estrategia de los avales. Esta estrategia consiste en que personajes con alta reputación y liderazgo manifiesten públicamente su apoyo a la candidatura de uno de los contendientes.

Obama fue el más exitoso en utilizar este tipo de estrategias, ya que no sólo contó con el aval de la comunidad internacional, sino también con el apoyo de diferentes personalidades políticas (los Kennedy y los Clinton), empresariales (Bill Gates y Jorge Soros) y personaje del medio de los espectáculos (Madonna, Britney Spears), entre otros.

5. Comentarios finales

Las estrategias son definidas como las acciones inteligentes desarrolladas por una organización con el objetivo de superar a los adversarios. Son formas creativas de lograr ventajas competitivas y así alcanzar el liderazgo. En la política, la estrategia puede determinar el éxito o el fracaso de una elección. Una campaña sin estrategias o, con estrategias inadecuadas o desarticuladas, seguramente será una perdedora. Por el contrario, una campaña con estrategias adecuadas, será, indudablemente, una campaña ganadora.

Obama ganó la nominación del Partido Demócrata y la elección presidencial del 2008 porque supo comunicarse mejor con los votantes usando las nuevas redes sociales, les tocó las cuerdas sensibles y les habló del cambio que la gente esperaba y deseaba. Su historia personal, su color de piel y sus estrategias de comunicación hicieron posible superar la apatía y el desgano tradicional de millones de estadounidenses, quienes vieron en este legendario personaje la posibilidad de materializar un cambio verdadero en beneficio de la gente y no de las corporaciones.

A través de internet, Obama logró comunicarse con millones de electores, siendo capaz de conseguir no sólo su voto para ganar la nominación, sino también el apoyo económico para financiar su campaña constitucional. A través de las diferentes giras y presentaciones públicas, a lo largo y ancho del territorio estadounidense, logró, también, un contacto más directo con los ciudadanos. Por medio de la Televisión, alcanzó una alta visibilidad mediática y presencia permanente en casi la totalidad de los medios de comunicación.

De esta forma, Obama utilizó tanto el modelo *broadcast* como el modelo participativo, centrado en la organización de base y el contacto personal con los electores. Como gran estratega, supo definir y transmitir con claridad y autenticidad quién era y qué ofrecía, siendo astuto para enviar el mensaje que los votantes querían escuchar. En este sentido, Obama mostró una mejor competencia comunicativa que Clinton, impulsando una campaña altamente significativa tomando en cuenta el momento y la coyuntura que estaba viviendo la Unión Americana.

Obama tuvo la habilidad, además, de evitar en lo posible, los temas ríspidos que dividen a los americanos, como la discusión sobre el aborto, la legalización de las drogas y la oficialización de los matrimonios homosexuales. Al contrario, supo plantear a los votantes los temas que los unificaban, como el de la familia, el trabajo, la economía, los problemas sociales y el rechazo a la guerra.

---

[61] *Ya en su campaña constitucional, Obama utilizó la estrategia de la triangulación para tratar de ganarle votos del sector conservador a los republicanos, moderando su discurso y hablándoles sobre temas propios de la agenda conservadora. En este orden de ideas, debe entenderse, pro ejemplo, sus señalamientos en el sentido de que "defiende la pena de muerte en determinados casos" y que "está a favor de que la gente pueda portar armas", lo que es una bandera propiamente de los republicanos.*

Obama fue el candidato a vencer por parte de los republicanos,[61] quien supo posesionarse como el hombre que representaba el cambio que la gente quiería y el país necesitaba. Un presidente que acabara con los abusos del sistema político y generará las condiciones para un mejor desarrollo económico, social y cultural. Un hombre que desde su color de piel y su historia personal, representó el cambio que los estadounidense soñaban y que posibilitó poner fin al gobierno conservador de George W. Bush, considerado en diferentes encuestas de opinión, como la peor administración y gobierno que haya tenido la Unión Americana en los últimos años.

En la elección del 2012, la esperanza Obama también estuvo presente entre millones de electores y las cibercampañas siguieron ocupando un papel muy importante dentro de sus estrategias de comunicación política, refrendando su triunfo para un segundo mandato presidencial.

Bibliografía

Dader, J. L. (2006). *Comunicación Política en la Red: Desde las Cibercampañas a la Transparencia Virtual de la Administración*. Ponencia presentada en las Jornadas Autoría y Contenidos en la Red, Universidad Internacional Menéndez Pelayo, Valencia, España, del 27 al 29 de marzo del 2006.

Gosselin, A. (1998), "La comunicación política. Cartografía de un campo de investigación y de actividades", en Gauthier, G., Gosselin, A. y Mouchon, J. (comps.), Comunicación y Política, Barcelona, Gedisa, pp. 9-28. Rospir,

Holmes, D. (1997). *Virtual Politics. Identity and Community in Ciberspace*. London. Sage.

López, C. E. (2000). *Las Ciber-campañas Independientes Gutiérrez Fernando e Islas Carmona Octavio*, España: Revista Latina de Comunicación Social No. 33.

Mancini P. (1995). "Americanización y modernización. Breve historia de la campaña electoral", en Muñoz, A., Rospir J. Comunicación política, Madrid, Universitas, pp. 141-168.

Meadow, R. (1980). Politics as Communication, Norwood, Nueva Jersey, Ablex Publishing.

Nimmo, D., (1978), Political Communication and Public Opinion in America, California, Goodyear Publishing Company.

Parés i Maicas, M. (1990), Communication politique et culture politique en Catalogne, Barcelona, documento mimeografiado.

Praeger. Wolton, D. (1992), "La comunicación política: construcción de un modelo", en Ferry, J. y Wolton, D., El nuevo espacio público, Barcelona, Gedisa, pp. 28-46.

Rash W. (1997). *Politics on the Nets. Wiring the Political Process*. New York. W.H. Freeman.

Rodota, S. (2004). *Tecnopolítica. La democracia e le nuove tecnologie della comunicazione*. Francia: Sagittari.

Trent, J. y Friedenberg, R. (1995), Political Campaign Communication. Principles and Practices. USA: Connecticut.

Sánchez, D. (2011). Política 2.0 en la campaña presidencial de Sebastián Piñera. Recuperado el 01 de agosto de 2012 de la página http://www.politicaredes.com

Ciber Campañas Electorales y Calidad Democrática.

El Caso de América latina

1. Introducción

América latina ha experimentado un proceso creciente de uso de las ciber campañas en los procesos electorales a raíz del inicio de la transición a la democracia y de socialización de las nuevas tecnologías de la información y las comunicaciones (Tics). El crecimiento del uso de las Tics en las campañas electorales ha sido tan grande, que se puede decir, sin temor a equívocos, que casi no existe campaña electoral en esta importante región del continente americano en el que no se use, de una u otra manera, las nuevas tecnologías de la información y las comunicaciones para tratar de persuadir y movilizar a los votantes. Esto se da tanto en elecciones locales como nacionales.

Sin embargo, a pesar del uso creciente de las ciber campañas electorales, no se ha observado un mejoramiento de la calidad de la democracia en la región, ni se ha recuperado la confianza ni la credibilidad ciudadana en el sistema de partidos políticos. Al contrario, al parecer lo que predomina es una gran desconfianza hacia los actores y las instituciones políticas, así como un desencanto con el sistema democrático.

En este orden de ideas, en este escrito se analiza la relación que existe entre las ciber campañas electorales y la calidad de la democracia. Es decir, entre el creciente uso por parte de los ciudadanos de las nuevas tecnologías de la información y las comunicaciones en la política electoral y las variables operacionales de lo que puede denominarse calidad de la democracia.

En lo particular, se analiza el porcentaje de penetración de la Internet en seis países de América Latina (Argentina, Brasil, Colombia, Chile, México y Venezuela), así como el porcentaje de usuarios de las redes sociales como Facebook, Twitter y Youtube y de telefonía celular.

En este sentido, en este capítulo se presenta un estudio comparado entre las emergentes democracia de esta importante región, para conocer el nivel de avance y penetración del uso de las nuevas tecnologías de la información y las comunicaciones en relación con la calidad de la democracia.

2. Las ciber campañas en América latina

Las ciber campañas electorales se han institucionalizado como una forma tradicional de hacer política entre los diferentes partidos y sus candidatos a ocupar algún puesto de elección popular. Su creciente uso se explica, en gran medida, debido a la también progresiva socialización de las nuevas tecnologías de la información y las comunicaciones y al crecimiento de las audiencias, como se muestra en los siguientes gráficos.

Crecimientos en Audiencia en el Mundo

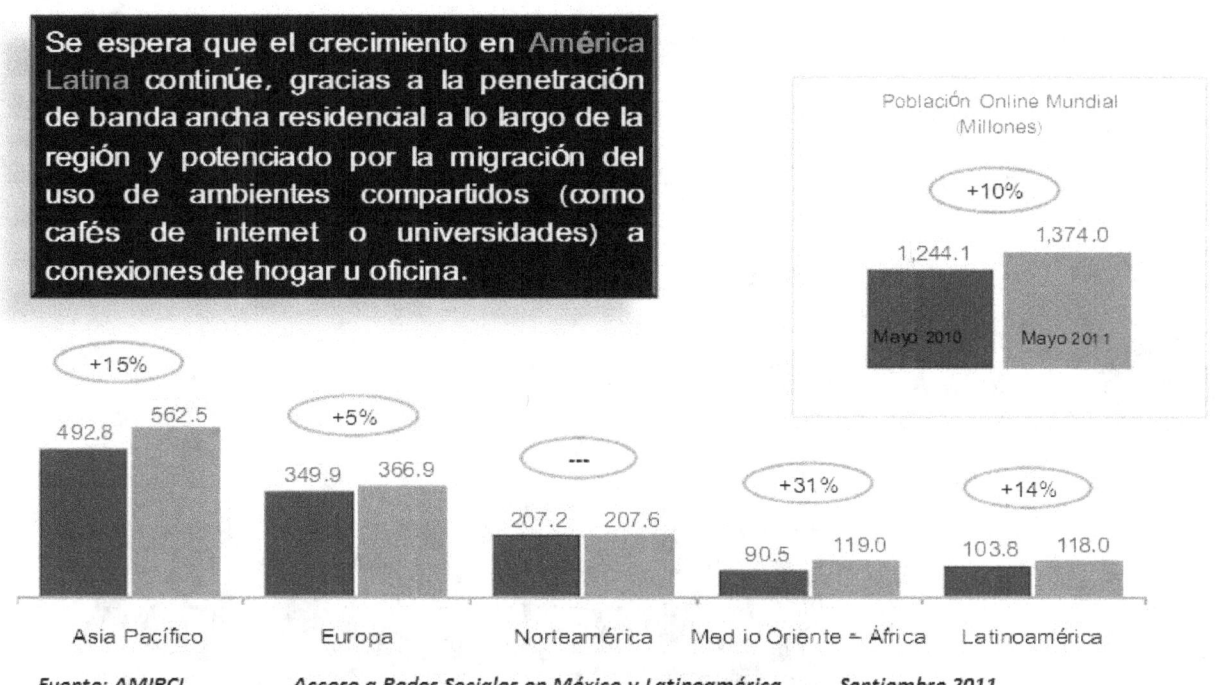

Se espera que el crecimiento en América Latina continúe, gracias a la penetración de banda ancha residencial a lo largo de la región y potenciado por la migración del uso de ambientes compartidos (como cafés de internet o universidades) a conexiones de hogar u oficina.

Población Online Mundial
(Millones)

+10%

1,244.1   1,374.0

Mayo 2010   Mayo 2011

+15%

492.8   562.5

+5%

349.9   366.9

207.2   207.6

+31%

90.5   119.0

+14%

103.8   118.0

Asia Pacífico   Europa   Norteamérica   Medio Oriente ≈ África   Latinoamérica

Fuente: AMIPCI   *Acceso a Redes Sociales en México y Latinoamérica*   *Septiembre 2011*

Crecimientos en Audiencia en Latinoamérica

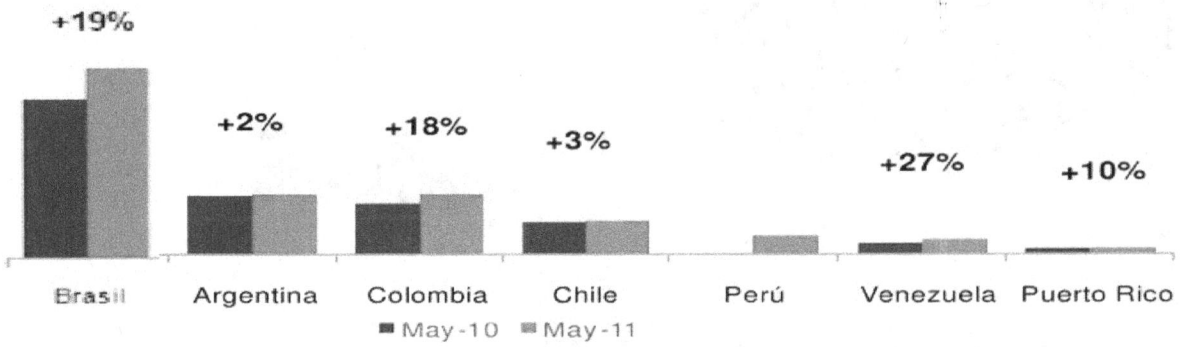

+19%   +2%   +18%   +3%   +27%   +10%

Brasil   Argentina   Colombia   Chile   Perú   Venezuela   Puerto Rico

■ May-10   ■ May-11

Crecimiento significativo en la mayoría de los mercados en América Latina durante el ultimo año.

Crecimiento moderado en Argentina y Chile, reflejando la madurez de estos mercados.

Fuente: AMIPCI   *Acceso a Redes Sociales en México y Latinoamérica*   *Septiembre 2011*

Participación de Audiencia en Latinoamérica (%)

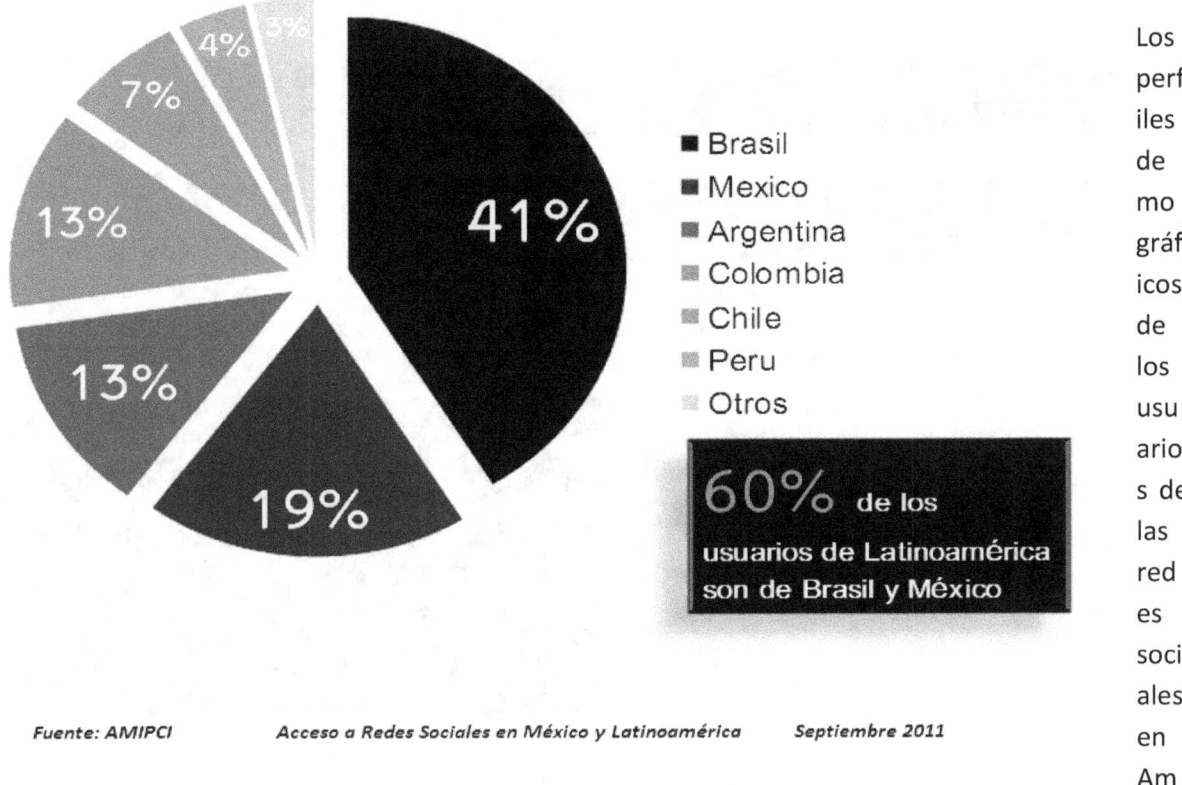

- Brasil
- Mexico
- Argentina
- Colombia
- Chile
- Peru
- Otros

60% de los usuarios de Latinoamérica son de Brasil y México

Fuente: AMIPCI   Acceso a Redes Sociales en México y Latinoamérica   Septiembre 2011

Los perfiles demográficos de los usuarios de las redes sociales en América latina, muestran que son jóvenes y barones los que más las usan, como se observa en los siguientes gráficos.

Distribución de Edades en Latinoamérica vs Mundo

	15-24	25-34	35-44	45-54	55+
Latin America	33%	29%	20%	11%	7%
Worldwide	26%	26%	22%	14%	12%

En Latinoamérica 62% de la audiencia de Internet tiene entre 15 y 35 años de edad, en comparación a 53% de la población online del mundo.

Fuente: AMIPCI   Acceso a Redes Sociales en México y Latinoamérica   Septiembre 2011

Top 10 sitios de Redes Sociales por visitantes en Latinoamérica

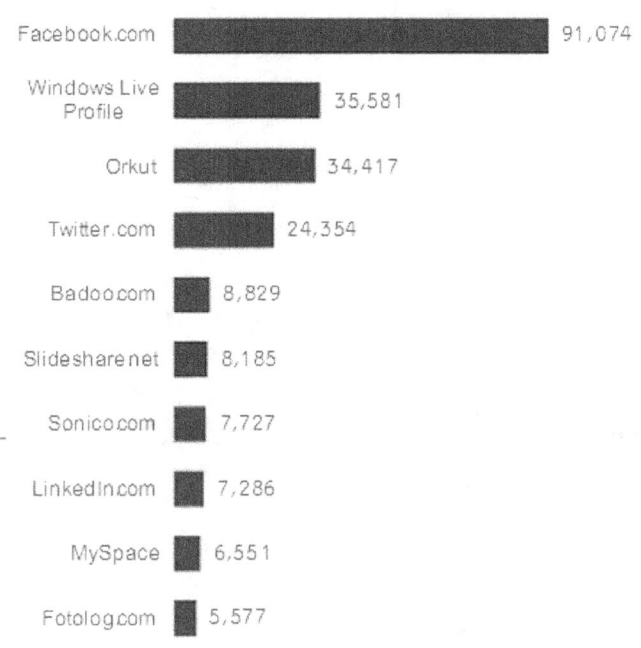

Facebook.com	91,074
Windows Live Profile	35,581
Orkut	34,417
Twitter.com	24,354
Badoo.com	8,829
Slideshare.net	8,185
Sonico.com	7,727
LinkedIn.com	7,286
MySpace	6,551
Fotolog.com	5,577

Top 10 Mercados para Facebook por % de alcance

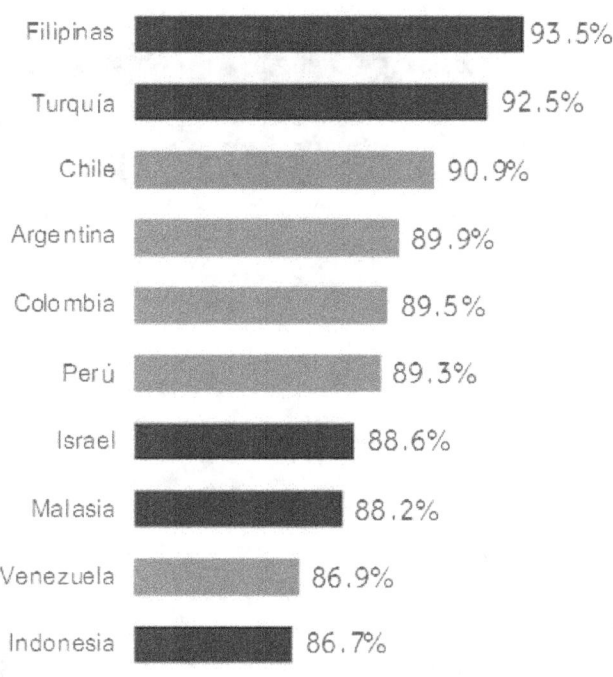

Filipinas	93.5%
Turquía	92.5%
Chile	90.9%
Argentina	89.9%
Colombia	89.5%
Perú	89.3%
Israel	88.6%
Malasia	88.2%
Venezuela	86.9%
Indonesia	86.7%

Fuente: AMIPCI   *Acceso a Redes Sociales en México y Latinoamérica*   *Septiembre 2011*

Las redes sociales más concurridas en América latina y los diez mercados para Facebook por % de alcance se muestran a continuación

Para el caso de México, el porcentaje de redes más usadas son el Facebook con un 39 por ciento, el Youtube con un 28 por ciento y el Twitter con un 20 por ciento como se muestra en el siguiente gráfico.

Fuente: AMIPCI   Acceso a Redes Sociales en México y Latinoamérica   Septiembre 2011

3. La calidad de la democracia en América latina

El debate sobre la democracia en América latina se ha centrado principalmente en el abordaje sobre el proceso de la transición de sistemas semi autoritarios o autoritarios hacia regimenes más plurales. De esta forma, la gran mayoría de la literatura ha analizado sus orígenes, requisitos, causas, vías, obstáculos y formas que ha adoptado la transición (Sánchez 1991, Cansino 2002, Dahl 1956, Seligson 1987, O¨Donnell, 1979), pero pocos han abordado el estudio de la calidad de la democracia.

En las ciencias administrativas, la calidad es definida como el conocimiento, satisfacción y la superación (exceder) de las expectativas y requerimientos del cliente (Canela, 2003). Sin embargo, en el campo de la política, la calidad no puede ser entendida sólo como la satisfacción y superación de las expectativas de los ciudadanos respecto del trabajo de los candidatos, partidos políticos, dirigentes y gobernantes (clase política), sino, entre otras cosas, por la aprobación de sus acciones y políticas desarrolladas, la solidez, confianza y credibilidad en las instituciones y actores políticos, así como la confianza y respaldo ciudadano al mismo sistema político.

Sobre este tema, el latinobarómetro ha dado cuenta en los últimos años, a través de distintas encuestas realizada en diferentes países de América Latina, del nivel de decepción de los ciudadanos con la democracia, en la medida que este sistema político no ha podido resolver muchos de los problemas que enfrenta hoy día la sociedad, como lo son el desempleo, la pobreza y la inseguridad pública. En lo particular, dicho estudio muestra que "un 55 por ciento de los ciudadanos entrevistados en el subcontinente señaló que no le importaba que un gobierno no democrático arribe al poder, siempre y cuando resuelva los problemas económicos".[62]

El concepto de calidad ha evolucionado a través de los años. De ser entendido como el conjunto de características y propiedades de un producto o servicio,[63] hoy día, este constructo es definido como la satisfacción oportuna de las necesidades y requerimientos de los clientes, así como por exceder sus expectativas. Como dice Municio (2004) si lo que recibo responde a mis necesidades, expectativas o exigencias, digo que esto tiene calidad y el conjunto de características por las que me satisface representan el contenido de la definición de calidad.[64] Es decir, para el paradigma actual, la calidad la definen los ciudadanos que reciben el producto o servicio, no las características de estos.

Esta conceptualización de base relativista,[65] genera ciertos problemas al aplicarlo al campo de la política, ya que lo que para algunos ciudadanos puede ser una democracia de calidad, para otros puede ser una democracia sin calidad o de bajo nivel de calidad. Además, el concepto de calidad, surgido y aplicado en el campo empresarial, a pesar de ciertas similitudes, no se puede utilizar de la misma forma, ni en el sector público, ni en el ámbito de la política, ya que son campos con lógicas, fines y dinámicas distintas.

Por ello, es necesario intentar una definición específica de calidad en la política bajo un sistema democrático que pueda ser operacionalizada o medida con indicadores precisos como puede ser, por ejemplo, el nivel de confianza, credibilidad, satisfacción, aprobación

---

[62] Véase informe Latinobarómetro 2011, en www.latinobarometro.org fecha de consulta, 29 de septiembre del 2012.

[63] Juran (1951) define a la calidad como la adecuación del producto o servicio para el uso a que se destina. Deming (1989) señala que la calidad es la contribución a la satisfacción de necesidades del cliente. Por su parte, Crosby (1996) define a la calidad como la acomodación de los productos o servicios a las exigencias de los clientes.

[64] Pedro Municio, El Nuevo Concepto de Calidad, España: Universidad Complutense de Madrid, 2004.

[65] Calidad no es algo que se tenga o no se tenga, es un nivel el cual se obtiene y se va mejorando con el tiempo.

o percepción ciudadana sobre la eficiencia y honorabilidad de los políticos. Sin embargo, hay que ser cuidadosos en la forma como definimos la calidad en la política.

Por ejemplo, la gente puede estar satisfecha con la labor de la clase política,[66] los gobernantes pueden ser populares y gozar temporalmente del apoyo y la confianza de los ciudadanos, lo cual es común con líderes populistas, pero esto no implica que se viva una democracia de calidad. Más bien, la calidad en la política tiene que ser definida no sólo desde la perspectiva de la satisfacción real o percibida de los ciudadanos, sino también desde la perspectiva de la institucionalización de las organizaciones políticas, la cultura política, el nivel de debate público y la eficiencia gubernamental, entre otras.

En este sentido, para fines del presente escrito, una democracia es de alta calidad o de elevado nivel de calidad si reúne las siguientes características:[67]

Primero, existe un alto nivel de confianza, credibilidad y aprobación de los ciudadanos sobre las instituciones políticas y el desempeño de la clase política.

Segundo, existe un alto nivel de participación social en los procesos político- electorales, un alto nivel de competencia civilizada entre diferentes actores y grupos políticos por los espacios de representación pública y un buen nivel del debate público.

Tercero, predomina una cultura política de cuño democrático entre la población, que se caracteriza por la participación, la pluralidad de ideas y pensamientos, la tolerancia y el respeto a las ideas y acciones de los demás, el respeto de la ley, la aceptación del gobierno de las mayorías y el respeto a las opiniones y acciones de las minorías.

Cuarto, existe un alto nivel de institucionalización de los partidos políticos y demás actores colectivos de la vida democrática, predominando la política de las instituciones por encima de la política de las personalidades.

---

[66] Por clase política se entiende a los candidatos a algún puesto de elección popular, los dirigentes partidistas, los gobernantes y todos aquellos individuos que ocupan un cargo de liderazgo en las organizaciones políticas.

[67] Aquí es importante señalar que no es fácil el poder cuantificar algunas de las variables distintivas de lo que entendemos por calidad democrática, como el caso del nivel de debate público. Sin embargo, se hacen ciertas aproximaciones para lograr un mejor entendimiento del fenómeno de acuerdo a estudios y encuestas de opinión que se han realizado en los últimos años en México.

Quinto, existen medios de comunicación que privilegian en sus espacios informativos y de análisis el debate de las ideas, las propuestas y de los diferentes enfoques políticos, elevando el nivel de debate público.

Sexto, existe una clase política competente, culta y altamente deliberativa que actúa responsablemente, anteponiendo los intereses generales sobre los particulares o de grupo.

Séptima, existe un mejoramiento del nivel de calidad de vida de la población que se traduce en un mayor bienestar y felicidad de los ciudadanos, un uso más racional de los recursos con los que cuenta la sociedad y una toma de decisiones inteligente sobre los asuntos públicos.

A la luz de esta conceptualización, a continuación se analiza el estado actual de la calidad democrática en América latina y se presentan los principales indicadores que dan cuanta del estado actual de la calidad de la democracia en la región.

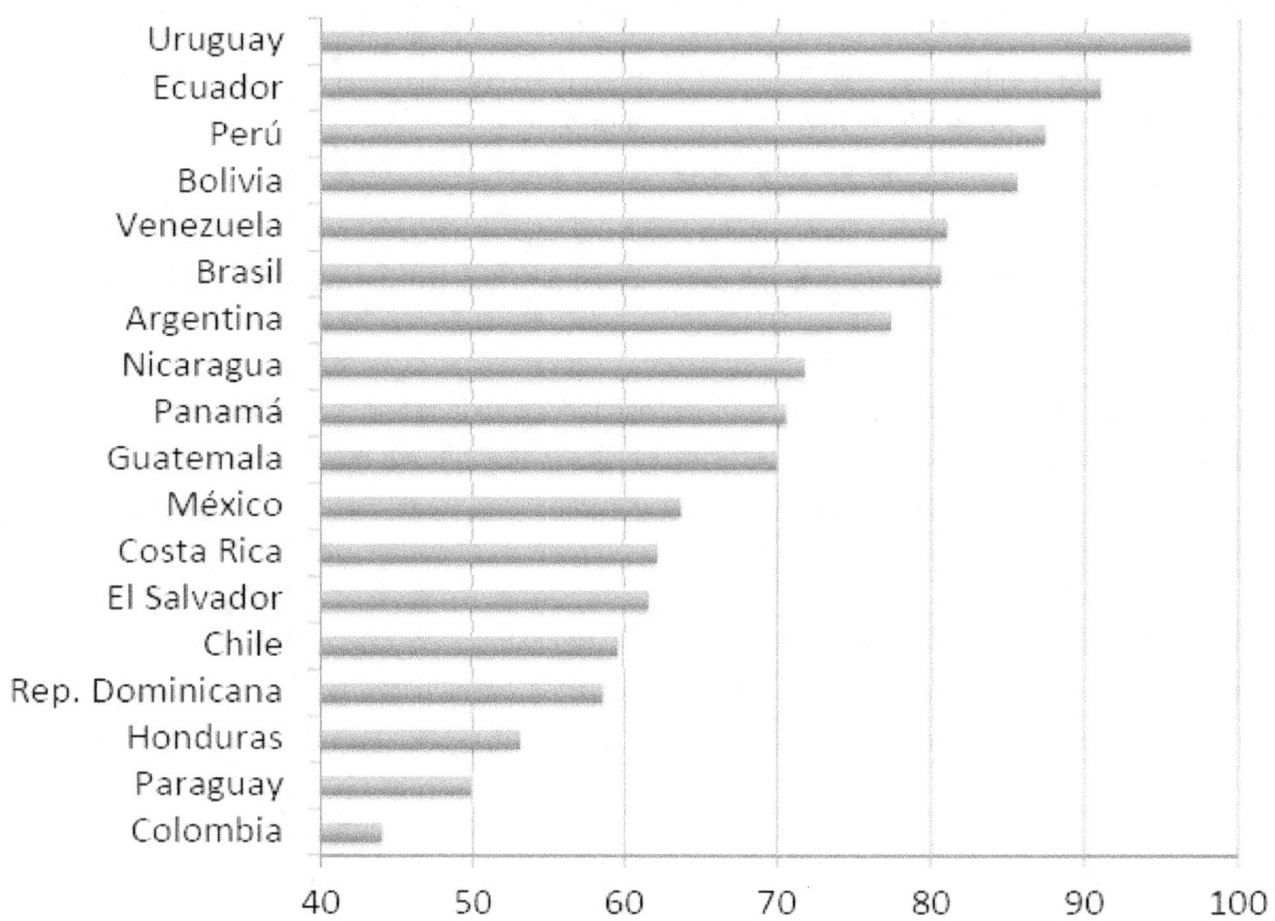

Participación Electoral

Fuente. Presentado por Charles D. Kenney "La Política y los Partidos Políticos en América Latina" en el Primer Congreso Peruano de Estudios Electorales, octubre del 2012.

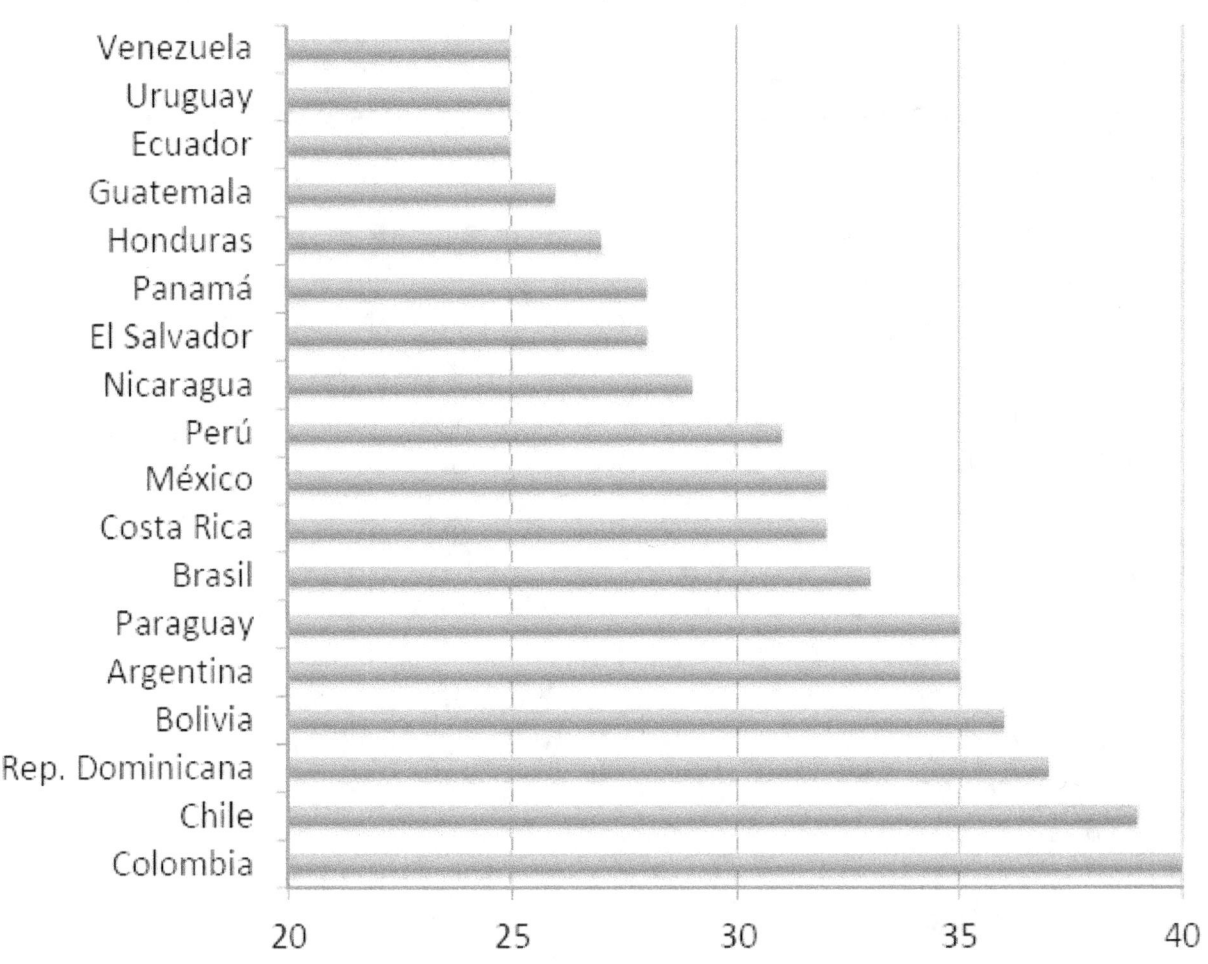

Falta Participación Ciudadana

Fuente. Presentado por Charles D. Kenney "La Política y los Partidos Políticos en América Latina" en el Primer Congreso Peruano de Estudios Electorales, octubre del 2012.

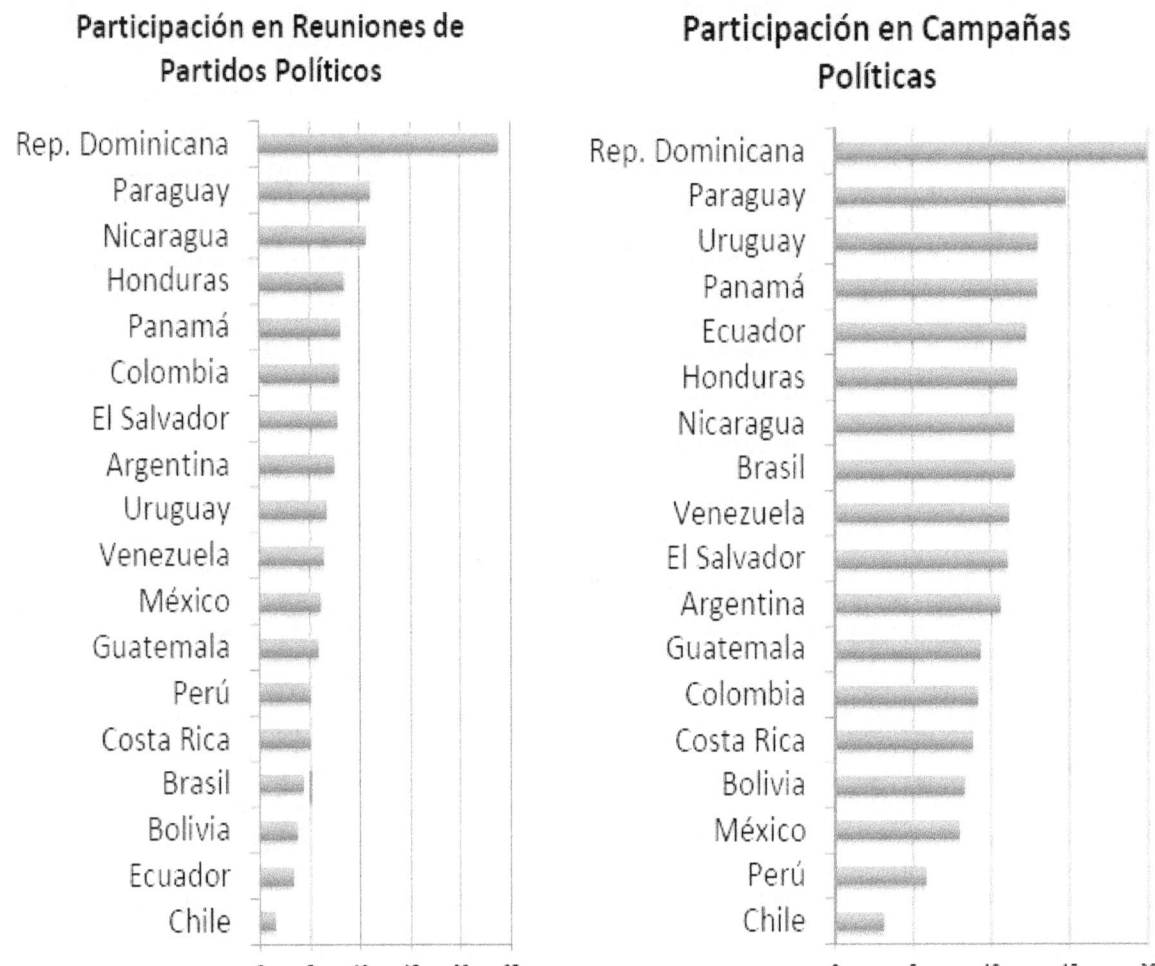

Participación en Reuniones de Partidos Políticos

Rep. Dominicana	
Paraguay	
Nicaragua	
Honduras	
Panamá	
Colombia	
El Salvador	
Argentina	
Uruguay	
Venezuela	
México	
Guatemala	
Perú	
Costa Rica	
Brasil	
Bolivia	
Ecuador	
Chile	

Participación en Campañas Políticas

Rep. Dominicana	
Paraguay	
Uruguay	
Panamá	
Ecuador	
Honduras	
Nicaragua	
Brasil	
Venezuela	
El Salvador	
Argentina	
Guatemala	
Colombia	
Costa Rica	
Bolivia	
México	
Perú	
Chile	

Fuente. Presentado por Charles D. Kenney "La Política y los Partidos Políticos en América Latina" en el Primer Congreso Peruano de Estudios Electorales, octubre del 2012.

Porcentaje de mujeres en cámara baja

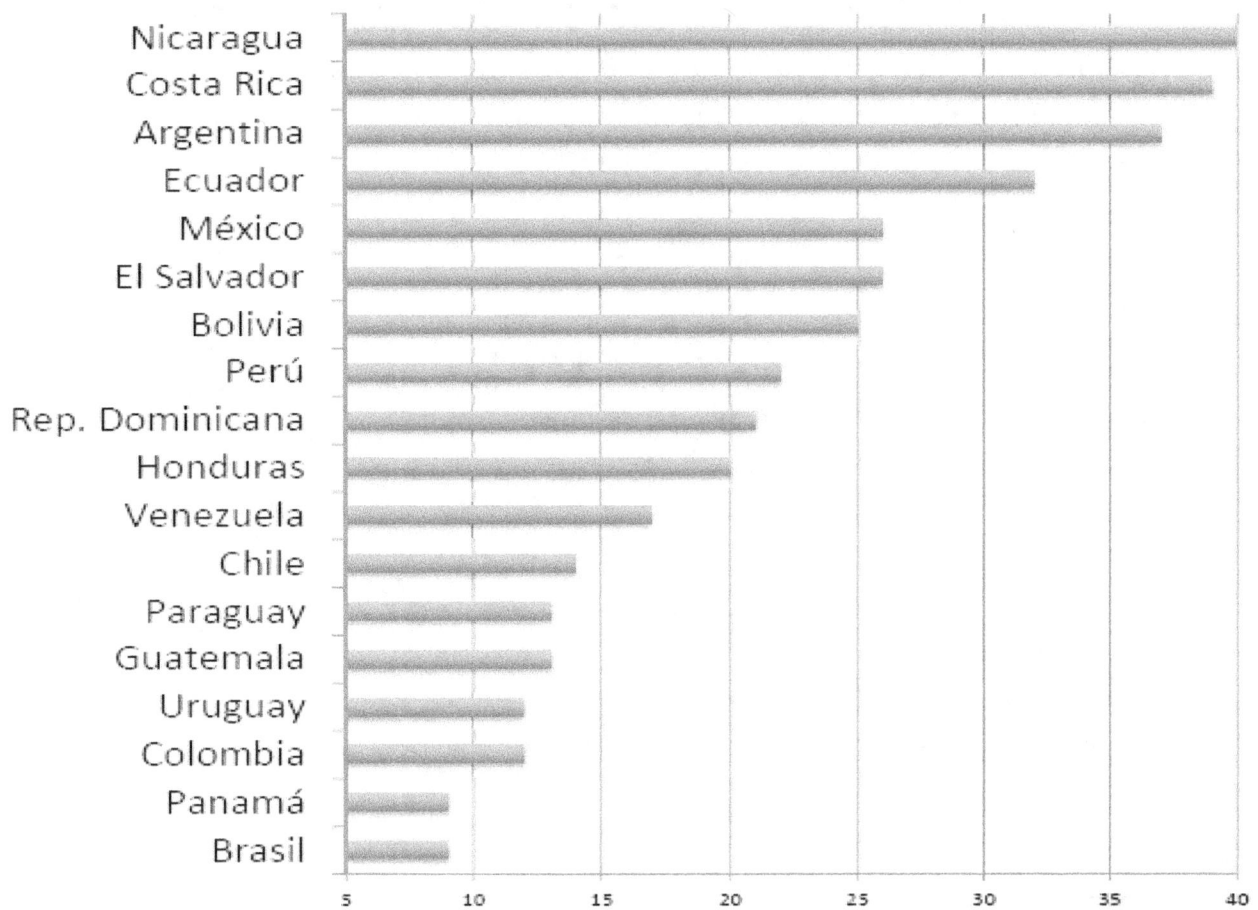

Fuente. Presentado por Charles D. Kenney "La Política y los Partidos Políticos en América Latina" en el Primer Congreso Peruano de Estudios Electorales, octubre del 2012.

Brecha rural-urbana en conocimiento político

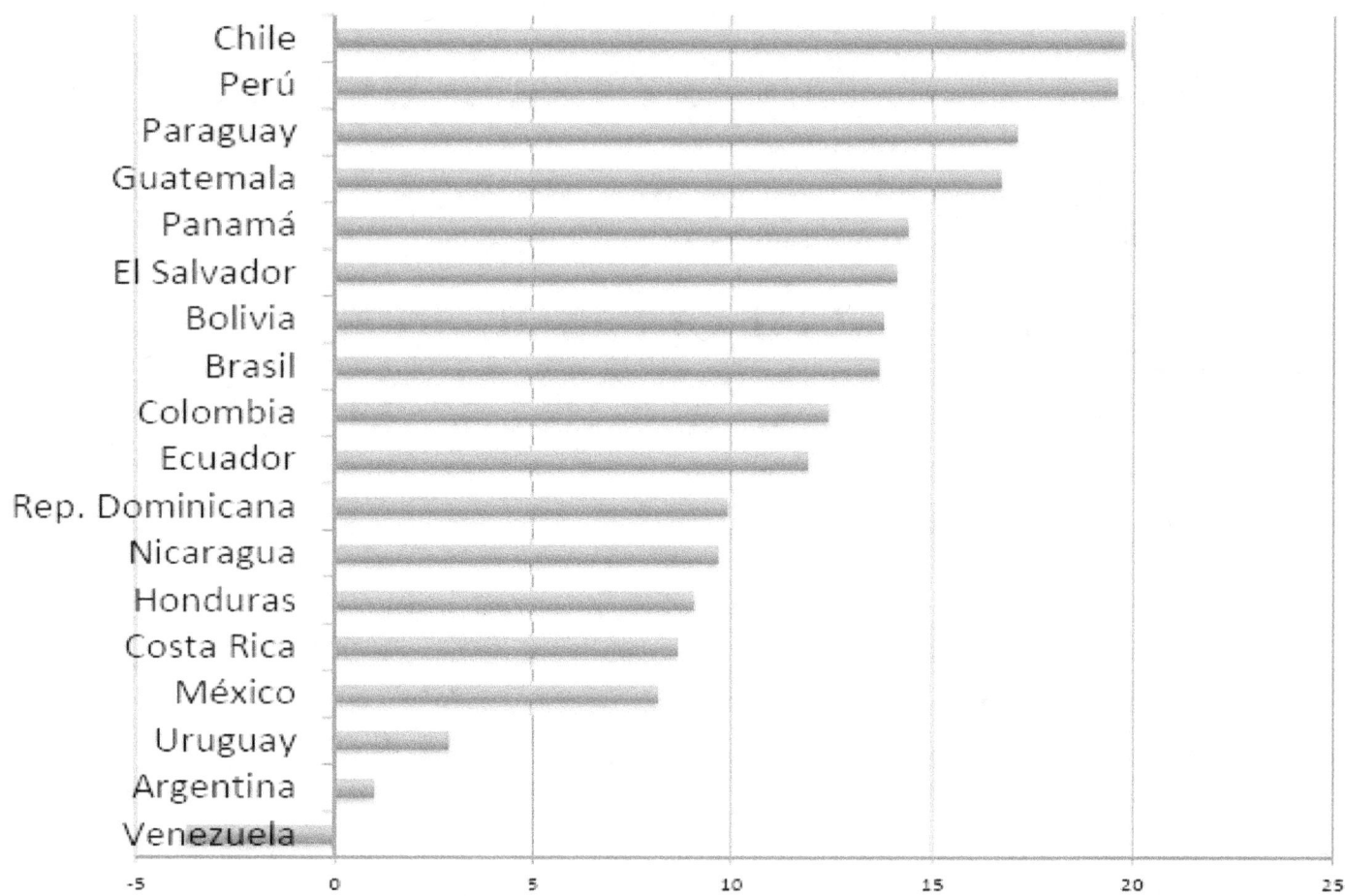

Fuente. Presentado por Charles D. Kenney "La Política y los Partidos Políticos en América Latina" en el Primer Congreso Peruano de Estudios Electorales, octubre del 2012.

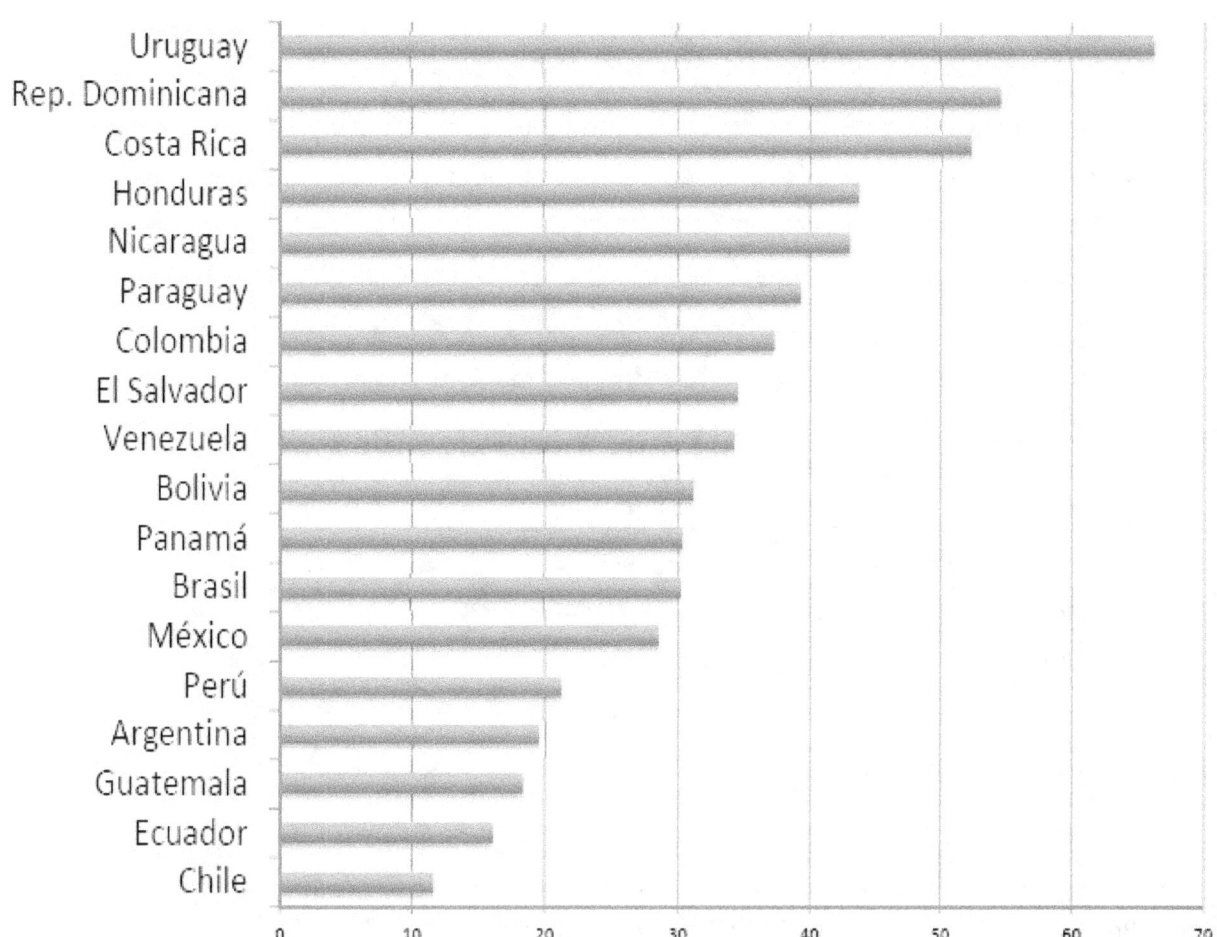

Me identifico con un partido

Uruguay	
Rep. Dominicana	
Costa Rica	
Honduras	
Nicaragua	
Paraguay	
Colombia	
El Salvador	
Venezuela	
Bolivia	
Panamá	
Brasil	
México	
Perú	
Argentina	
Guatemala	
Ecuador	
Chile	

Fuente. Presentado por Charles D. Kenney "La Política y los Partidos Políticos en América Latina" en el Primer Congreso Peruano de Estudios Electorales, octubre del 2012.

Los partidos políticos representan a los que votan por ellos

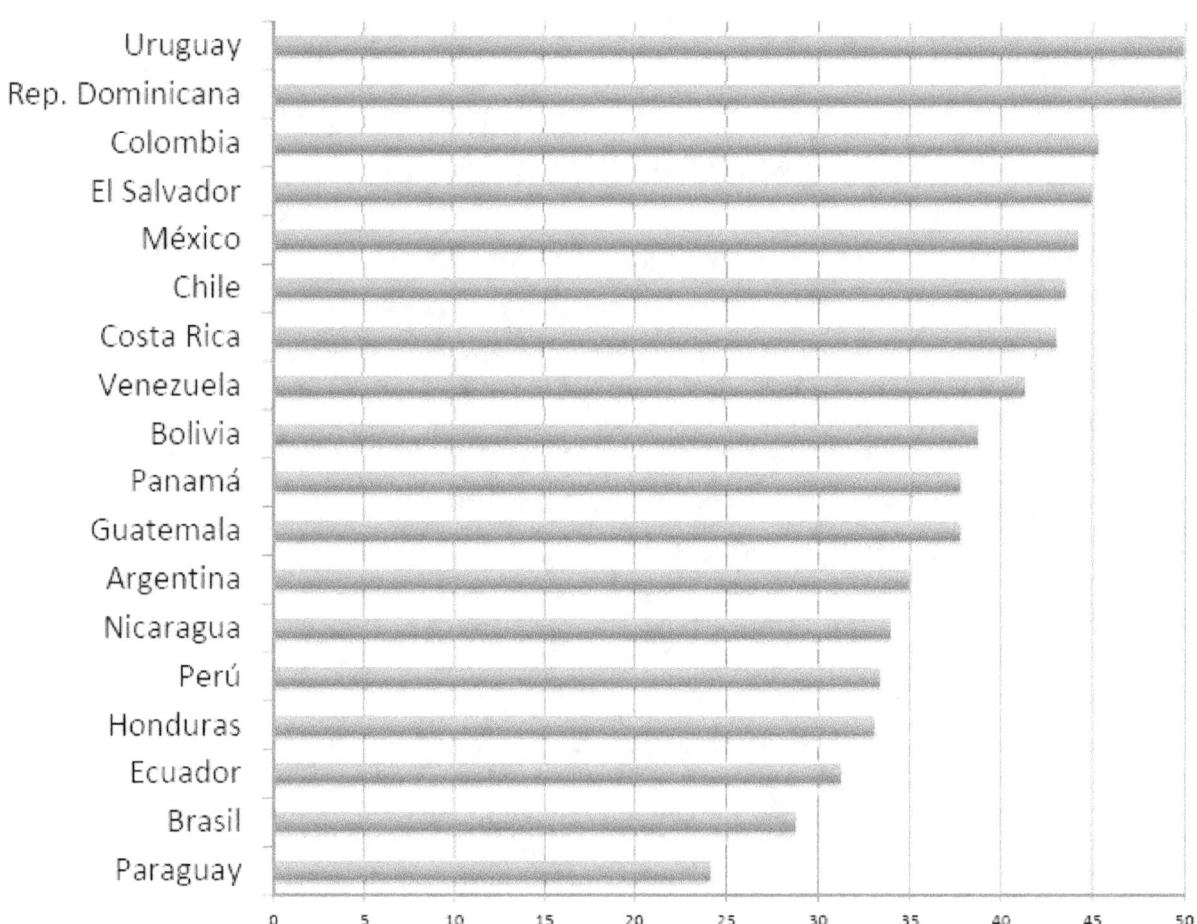

Fuente. Presentado por Charles D. Kenney "La Política y los Partidos Políticos en América Latina" en el Primer Congreso Peruano de Estudios Electorales, octubre del 2012.

Los partidos hacen caso a la gente común

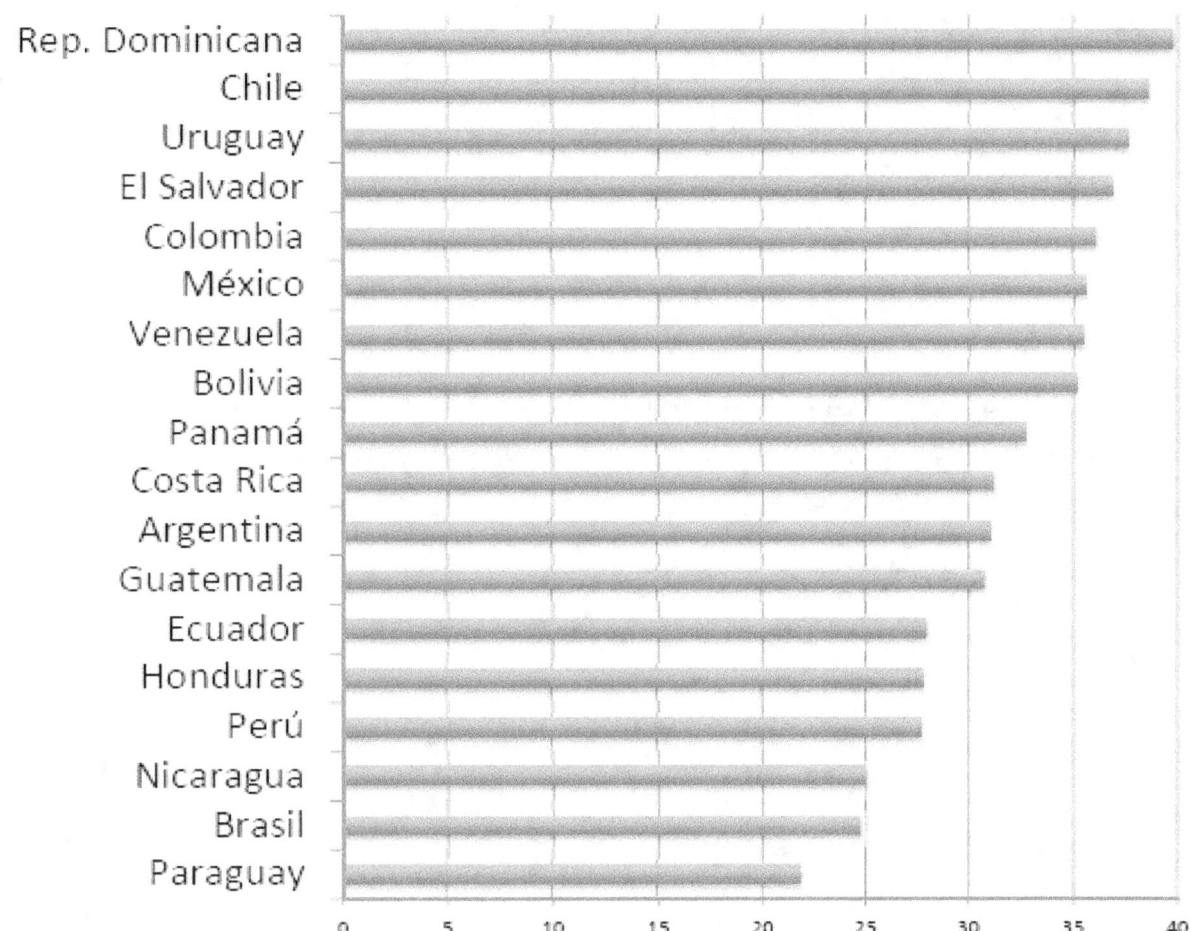

Fuente. Presentado por Charles D. Kenney "La Política y los Partidos Políticos en América Latina" en el Primer Congreso Peruano de Estudios Electorales, octubre del 2012.

Confianza en partidos

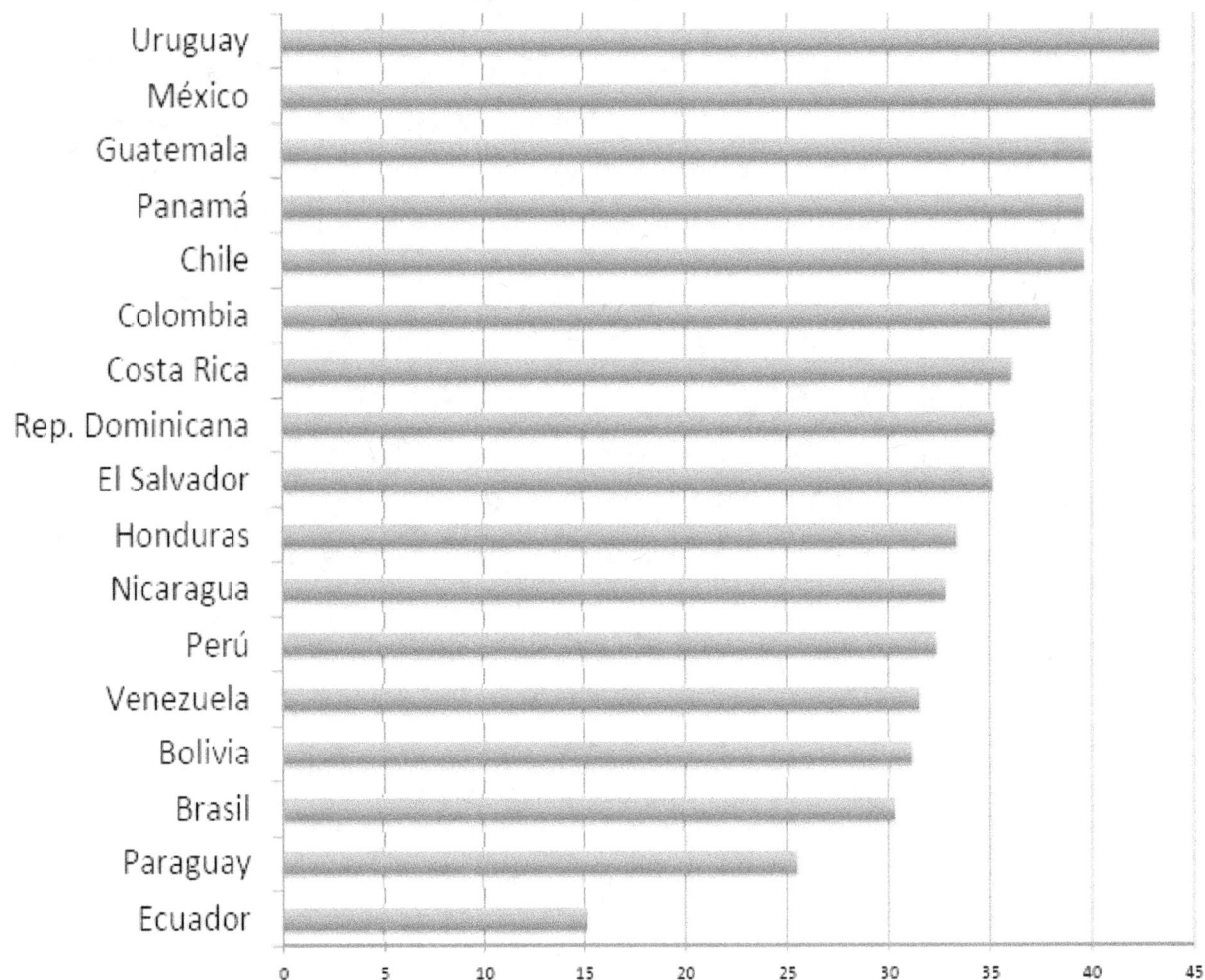

Fuente. Presentado por Charles D. Kenney "La Política y los Partidos Políticos en América Latina" en el Primer Congreso Peruano de Estudios Electorales, octubre del 2012.

Deciden su voto por los partidos

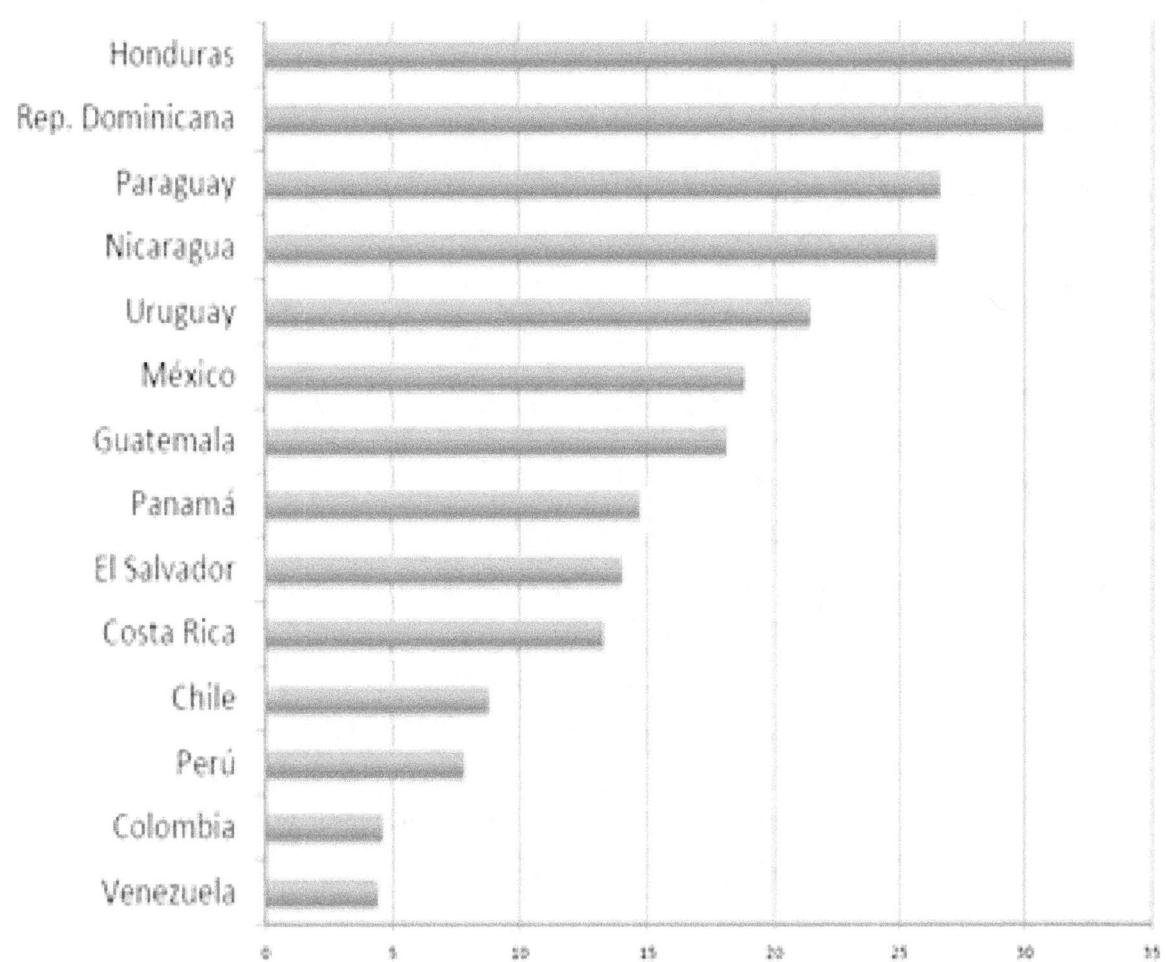

Fuente. Presentado por Charles D. Kenney "La Política y los Partidos Políticos en América Latina" en el Primer Congreso Peruano de Estudios Electorales, octubre del 2012.

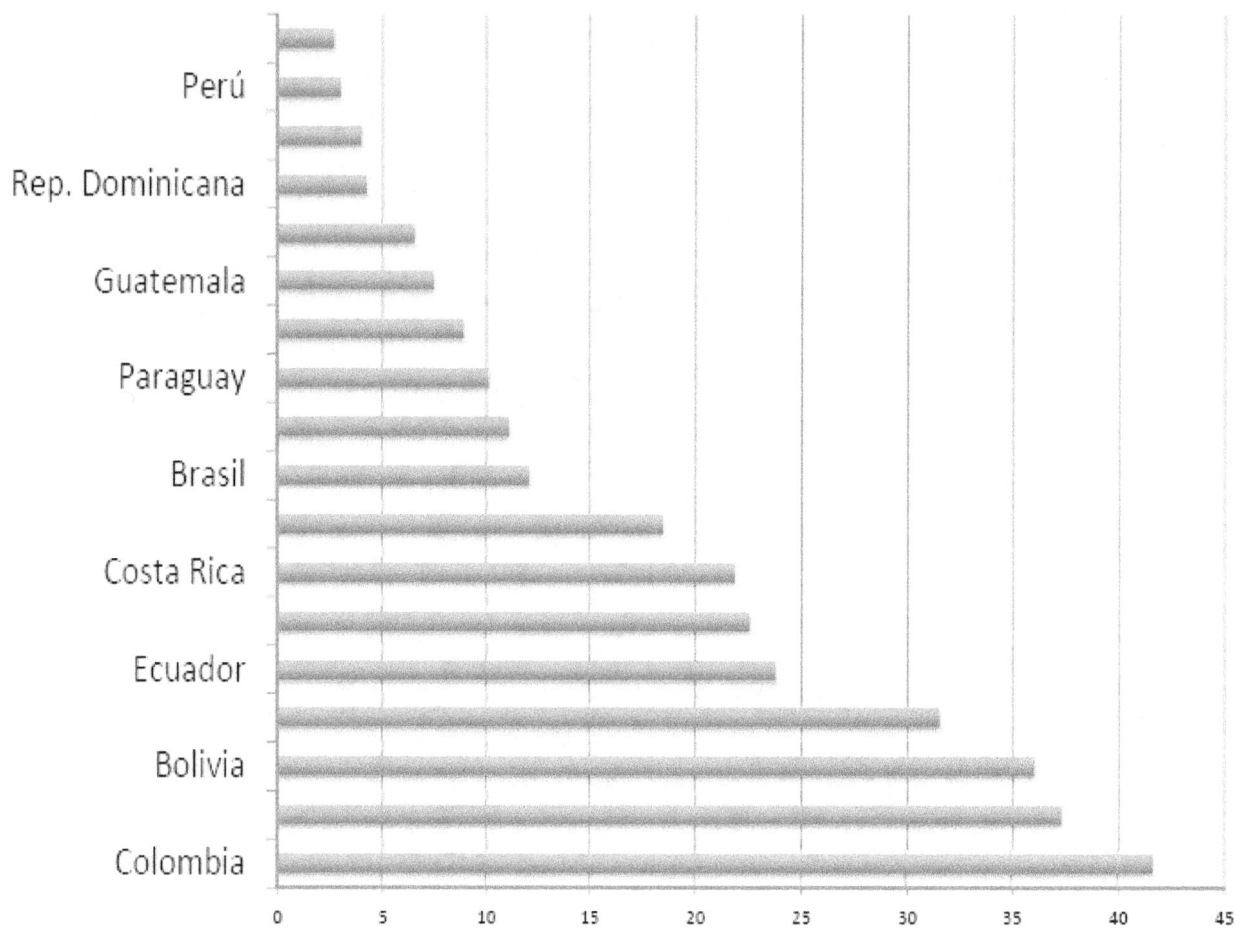

Competitividad por margen de victoria en la última elección presidencial

Fuente. Presentado por Charles D. Kenney "La Política y los Partidos Políticos en América Latina" en el Primer Congreso Peruano de Estudios Electorales, octubre del 2012.

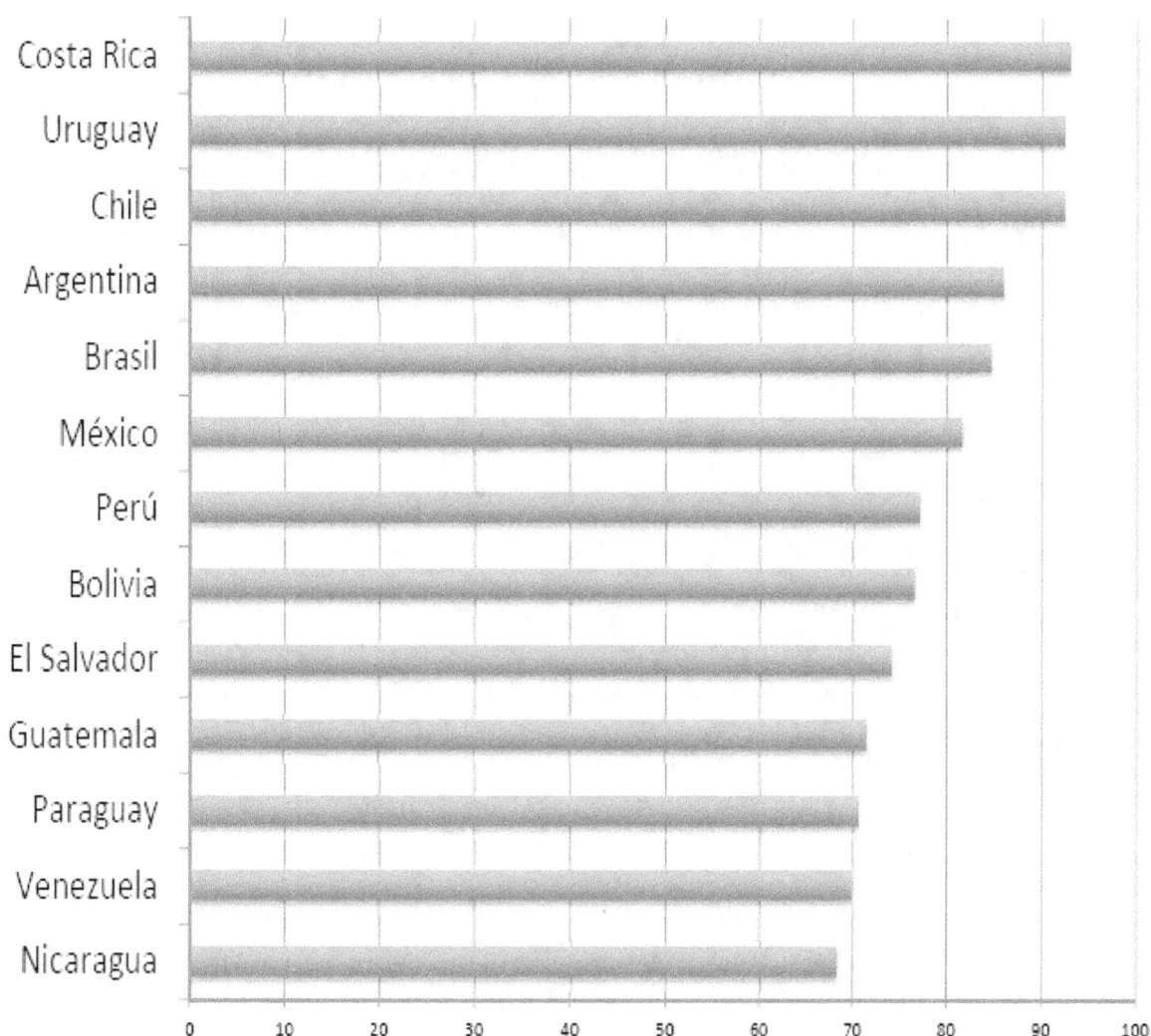

Accountability Electoral

Fuente. Presentado por Charles D. Kenney "La Política y los Partidos Políticos en América Latina" en el Primer Congreso Peruano de Estudios Electorales, octubre del 2012.

Lucha contra la corrupción

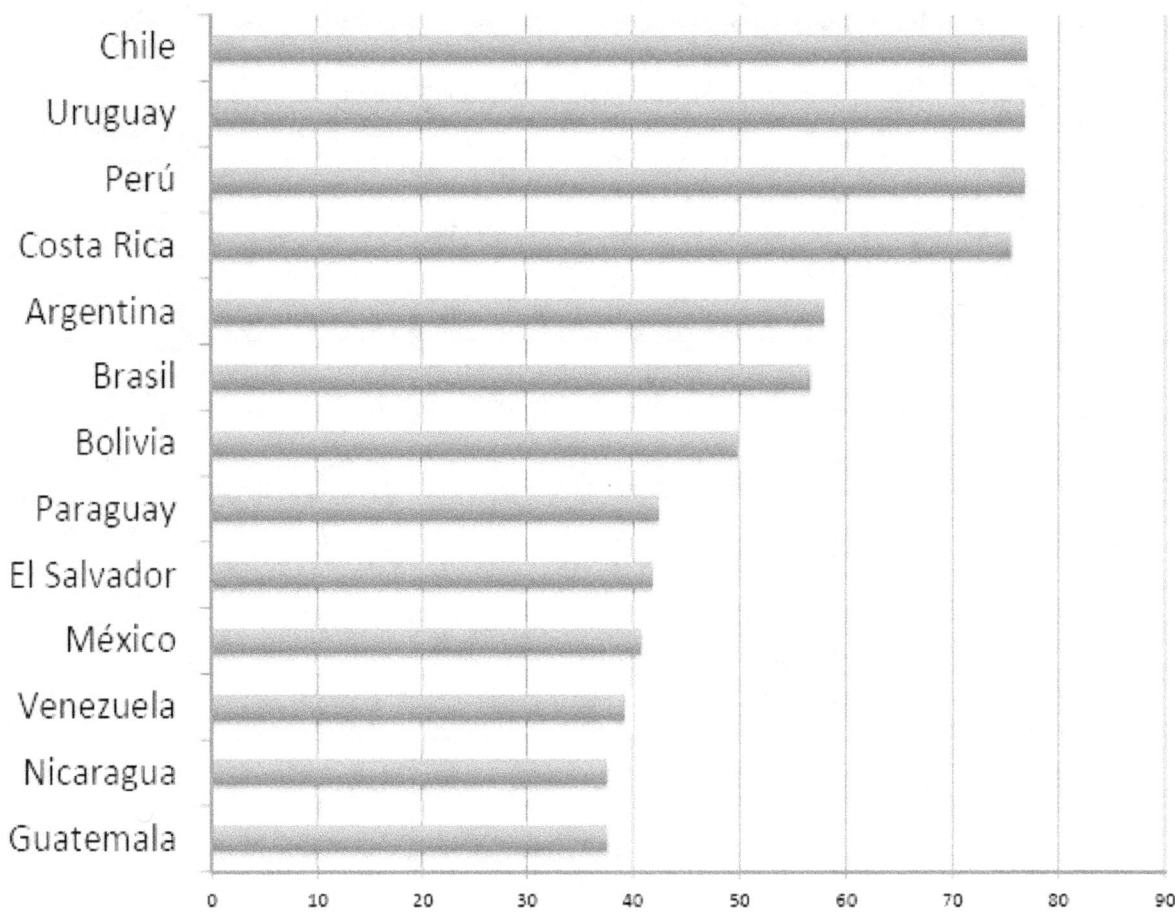

Fuente. Presentado por Charles D. Kenney "La Política y los Partidos Políticos en América Latina" en el Primer Congreso Peruano de Estudios Electorales, octubre del 2012.

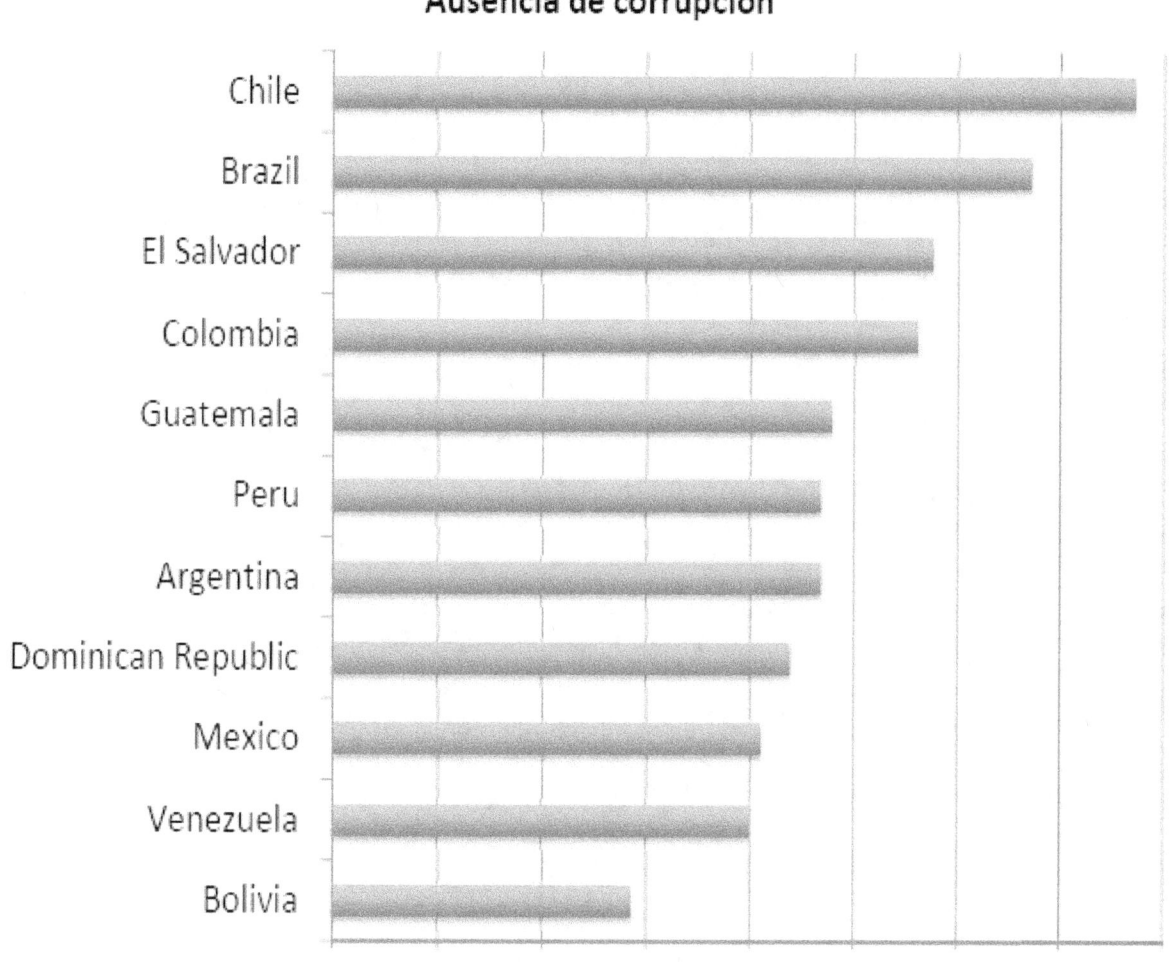

Ausencia de corrupción

Fuente. Presentado por Charles D. Kenney "La Política y los Partidos Políticos en América Latina" en el Primer Congreso Peruano de Estudios Electorales, octubre del 2012.

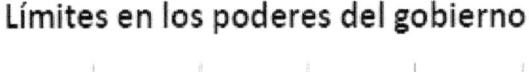

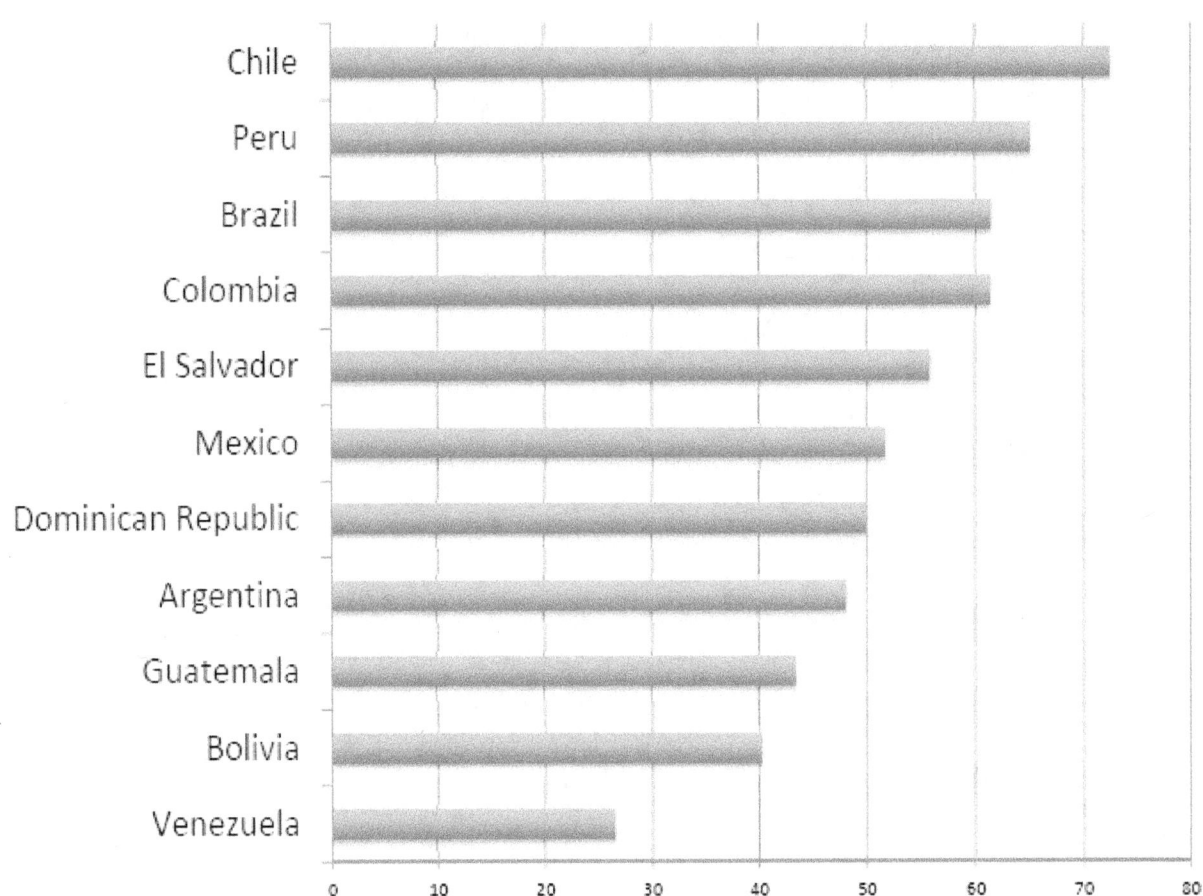

Fuente. Presentado por Charles D. Kenney "La Política y los Partidos Políticos en América Latina" en el Primer Congreso Peruano de Estudios Electorales, octubre del 2012.

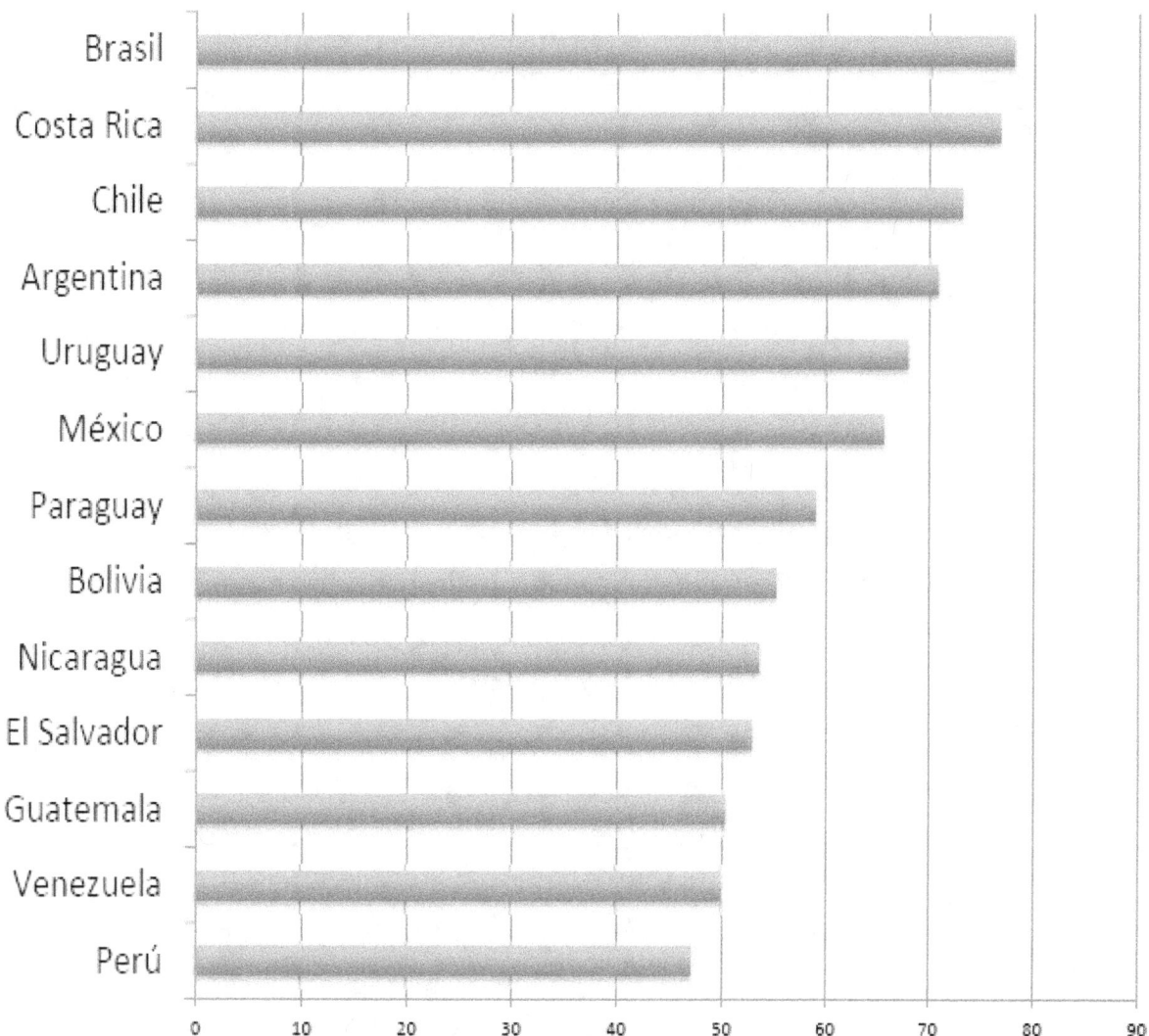

Accountability Interinstitucional

Brasil
Costa Rica
Chile
Argentina
Uruguay
México
Paraguay
Bolivia
Nicaragua
El Salvador
Guatemala
Venezuela
Perú

0 10 20 30 40 50 60 70 80 90

Fuente. Presentado por Charles D. Kenney "La Política y los Partidos Políticos en América Latina" en el Primer Congreso Peruano de Estudios Electorales, octubre del 2012.

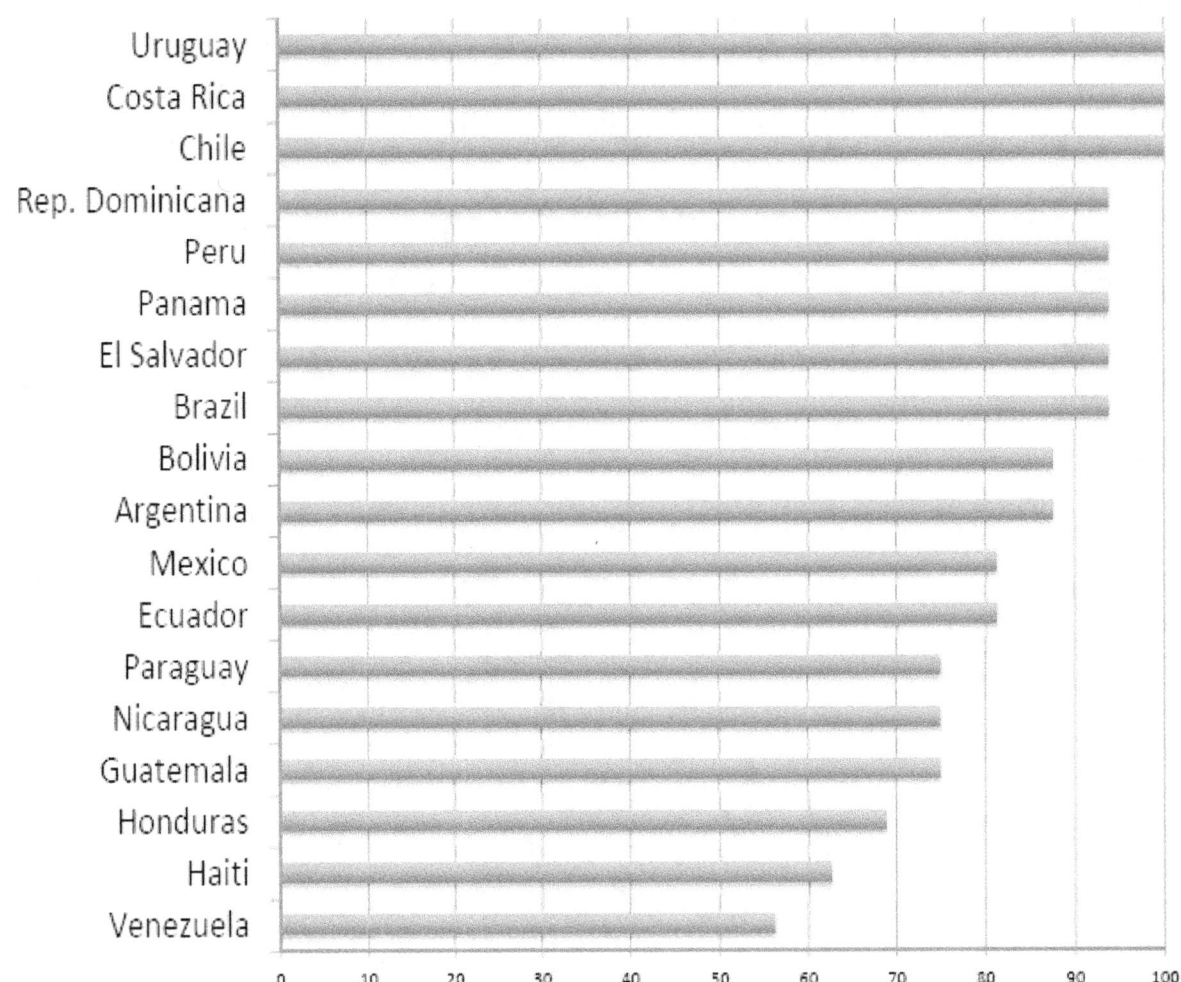

Libertad de expresión y creencia

Fuente. Presentado por Charles D. Kenney "La Política y los Partidos Políticos en América Latina" en el Primer Congreso Peruano de Estudios Electorales, octubre del 2012.

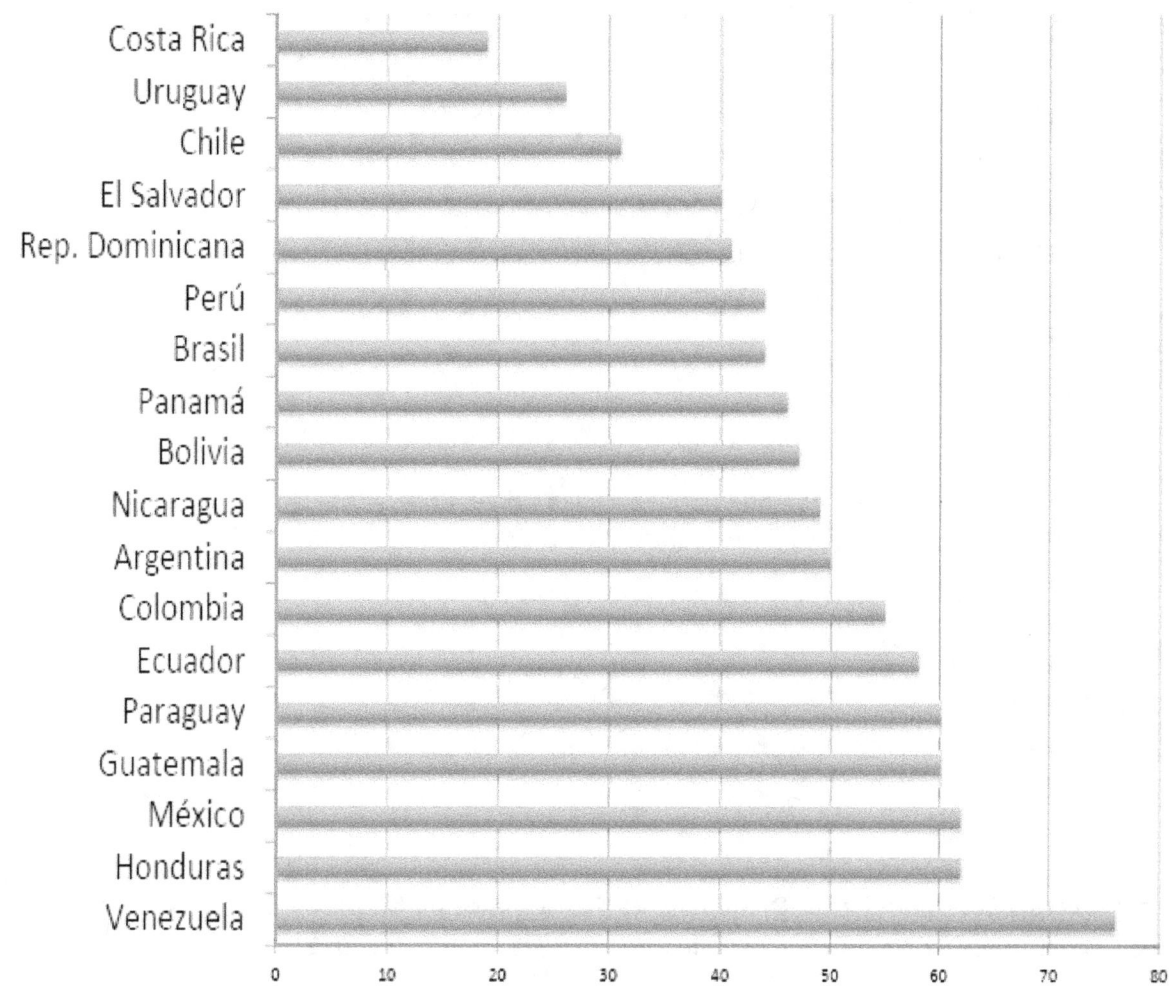

Libertad de prensa

País	Valor
Costa Rica	19
Uruguay	26
Chile	31
El Salvador	40
Rep. Dominicana	41
Perú	44
Brasil	44
Panamá	46
Bolivia	47
Nicaragua	49
Argentina	50
Colombia	55
Ecuador	58
Paraguay	60
Guatemala	60
México	62
Honduras	62
Venezuela	76

Fuente. Presentado por Charles D. Kenney "La Política y los Partidos Políticos en América Latina" en el Primer Congreso Peruano de Estudios Electorales, octubre del 2012.

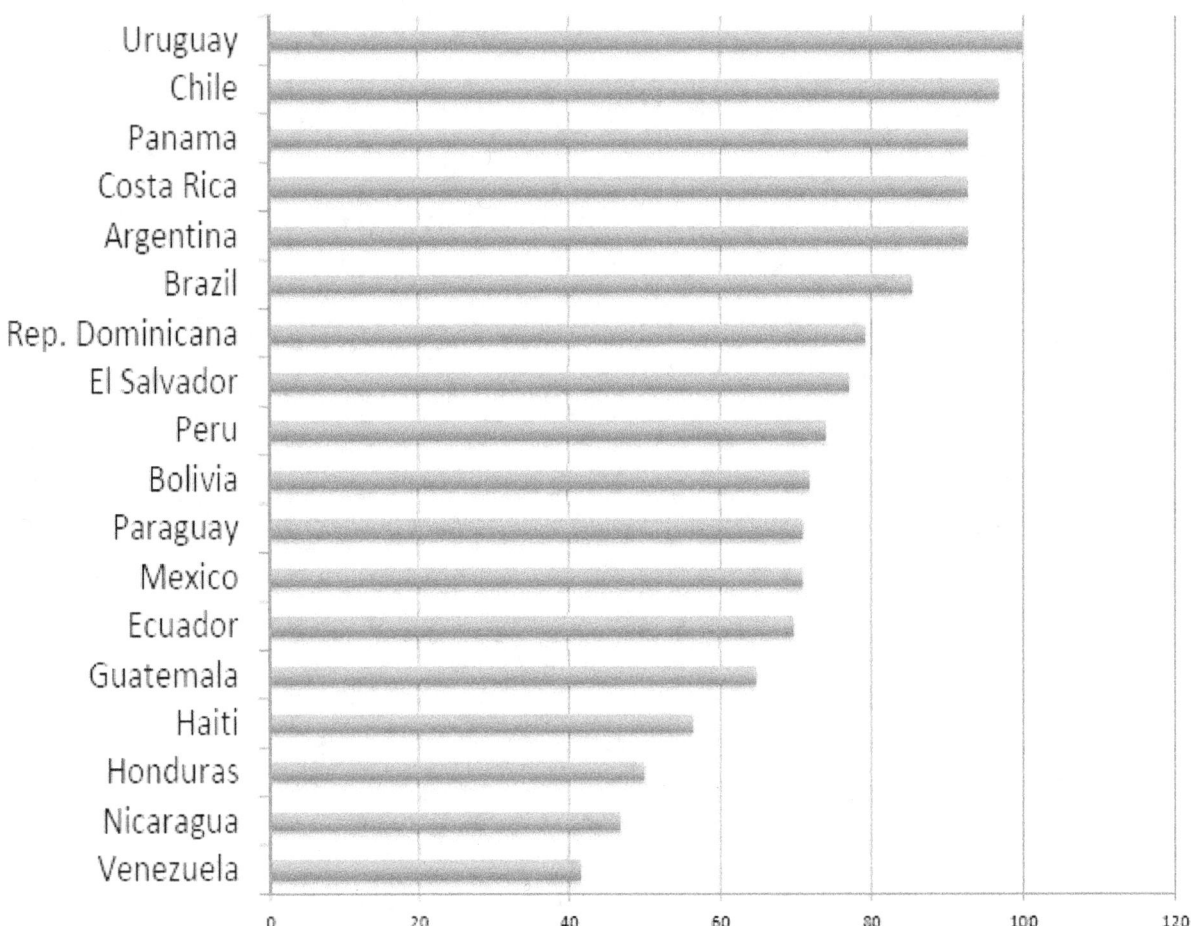

Pluralismo político y libertad de organizaión

Fuente. Presentado por Charles D. Kenney "La Política y los Partidos Políticos en América Latina" en el Primer Congreso Peruano de Estudios Electorales, octubre del 2012.

Caida en tasa de pobreza por año, de 2002-3 a 2008-10

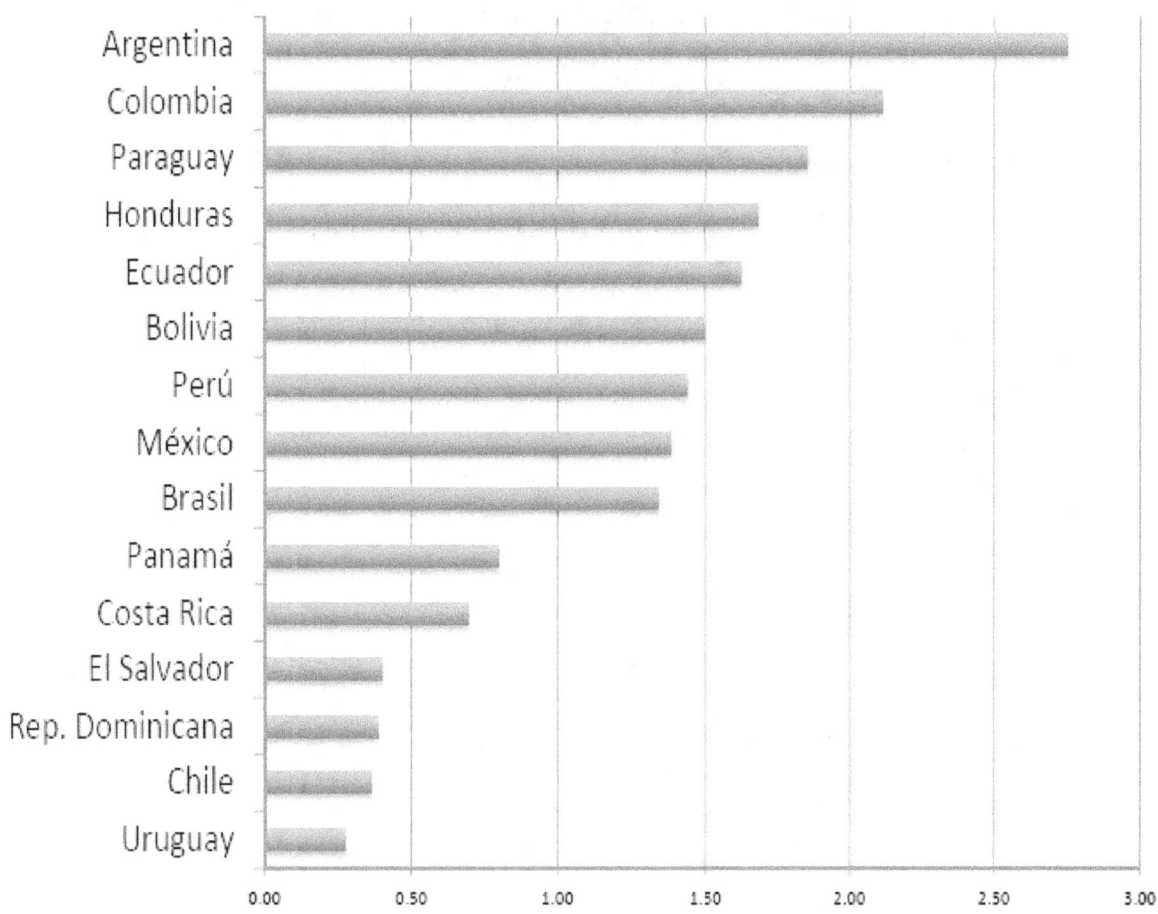

Fuente. Presentado por Charles D. Kenney "La Política y los Partidos Políticos en América Latina" en el Primer Congreso Peruano de Estudios Electorales, octubre del 2012.

Reducción en desigualdad (Reducción Gini/año), 2002-3 a 2008-10

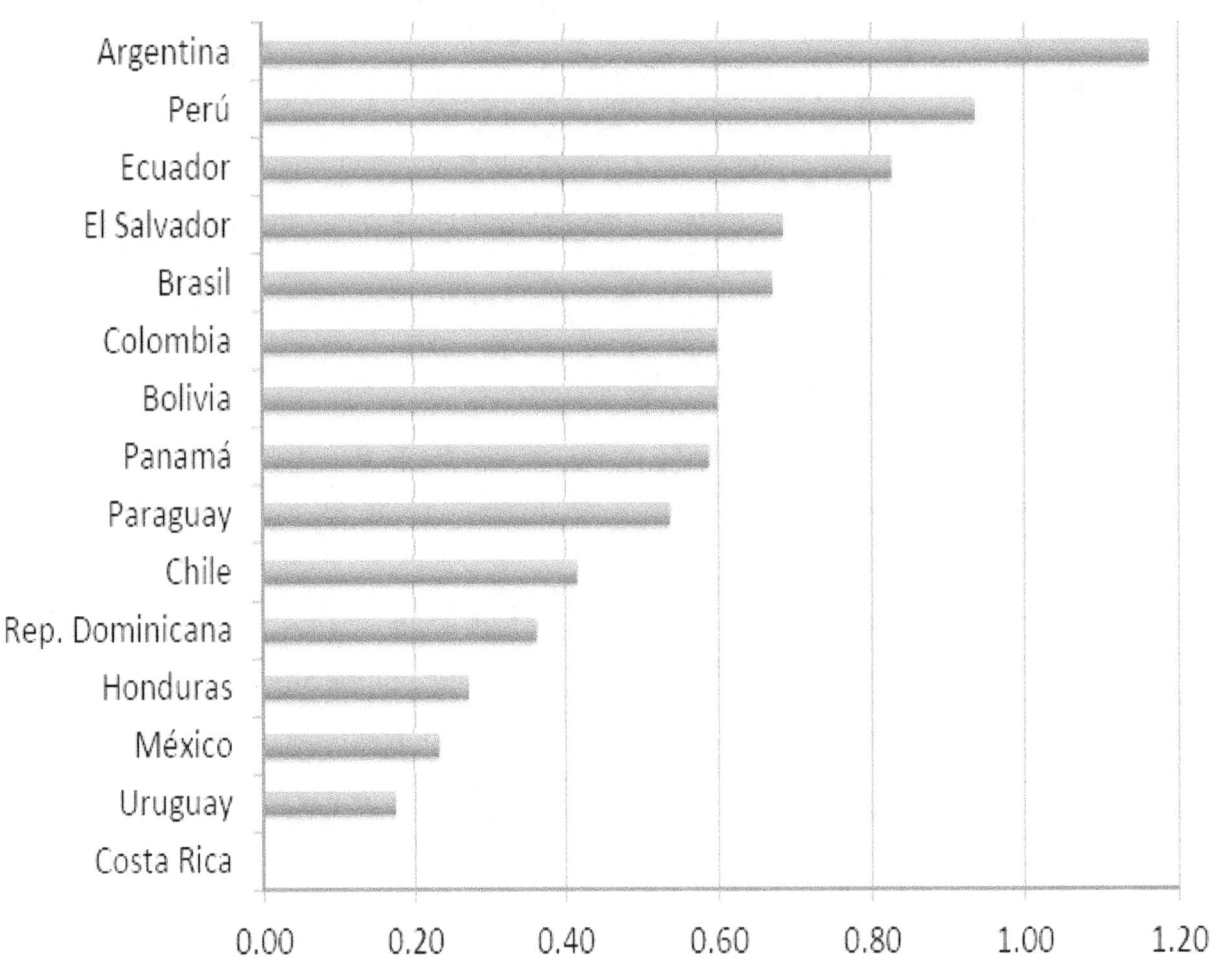

Fuente. Presentado por Charles D. Kenney "La Política y los Partidos Políticos en América Latina" en el Primer Congreso Peruano de Estudios Electorales, octubre del 2012.

Porcentaje de participación ciudadana en América Latina

Apoyo a la democracia por país

Sólo quienes dijeron "la democracia es preferible a cualquier otra forma de gobierno"

Países	2009	2010	Diferencia
Argentina	64%	66%	2
Colombia	49%	60%	11
Brasil	55%	54%	1
México	**42%**	**49%**	**7**
Chile	59%	63%	4
Venezuela	84%	84%	0

Fuente: Latinobarómetro, *Informe 2010*, diciembre de 2010, disponible en www.latinobarometro.org (fecha de consulta marzo de 2011)

Sentimiento que le produce ir a votar

Sólo quienes tienen sentimiento de satisfacción

Total América Latina 2010

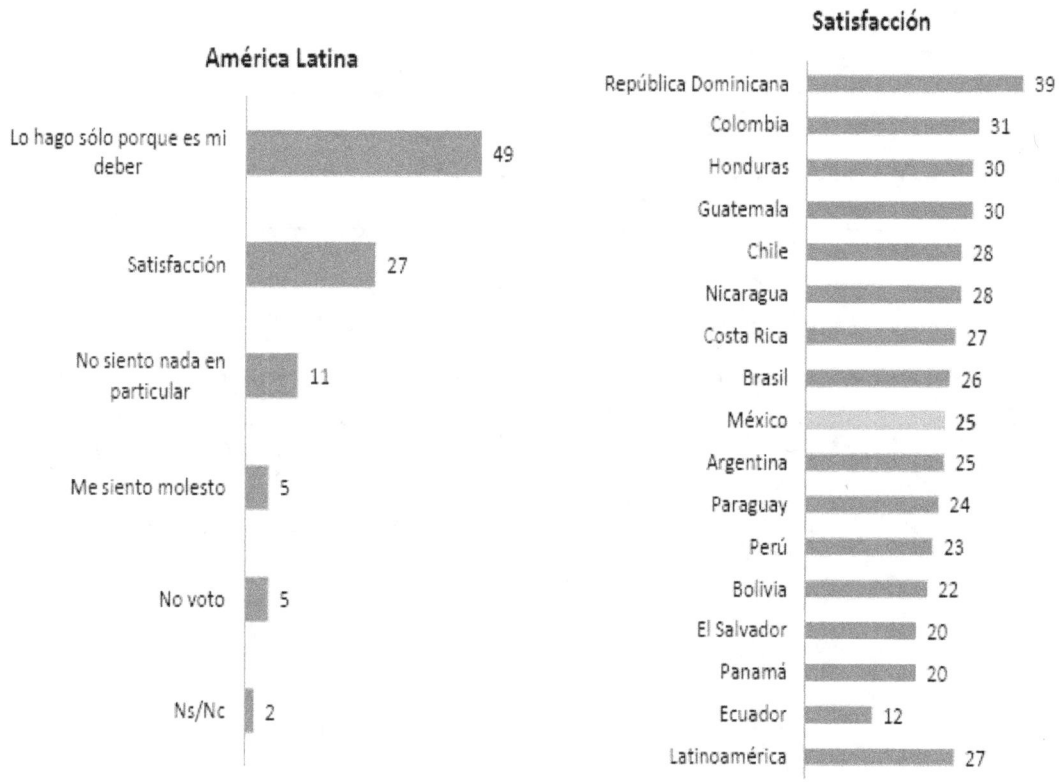

Fuente: Latinobarómetro, *Informe 2010*, diciembre de 2010, disponible en www.latinobarometro.org (fecha de consulta marzo de 2011)

Porcentaje de participación ciudadana en América Latina
Elecciones presidenciales

Tipo de voto: obligatorio con sanción

País	Año	Electores hábiles	Votos emitidos	Participación	Abstención
Argentina	2003	25,477,861	19,930,591	78.23%	21.77%
	2007	27,146,818	20,679,327	76.18%	23.82%
Brasil	2006	125,913,479	104,820,459	83.25%	16.75%
	2006*	125,913,479	101,998,221	81.01%	18.99%
	2010	135,804,433	111,193,747	81.88%	18.12%
Chile	2005	8,220,897	7,156,554	87.05%	12.95%
	2006*	8,220,897	7,142,599	86.88%	13.12%
	2009	8,285,186	7,264,136	87.68%	12.32%
	2010*	8,285,186	7,203,371	86.94%	13.06%

Tipo de voto: facultativo

País	Año	Electores hábiles	Votos emitidos	Participación	Abstención
Colombia	2006	26,731,700	12,041,737	45.05%	54.95%
	2010	29,983,279	14,781,020	49.30%	50.70%
	2010*	29,983,279	13,296,924	44.35%	55.65%
Venezuela	2000	11,720,660	6,600,196	56.31%	43.69%
	2006	15,417,127	11,542,841	74.87%	25.13%
	2012	18,854,935	15,176,253	80.48 %	19.52%

Tipo de voto: obligatorio sin sanción

País	Año	Electores hábiles	Votos emitidos	Participación	Abstención
México	2006	71, 700 000	41, 791, 392	58.29%	41.71%
	2012	77, 738, 494	49, 087, 446	63.14%	36.86%

Fuente: Consejos e Institutos Electorales de los Países (fecha de consulta marzo de 2011)

Porcentaje de participación ciudadana en América Latina
Elecciones presidenciales

Porcentaje de participación ciudadana
Elecciones presidenciales

País	Año	Electores hábiles	Votos emitidos	Participación	Abstención
Argentina	2007	27,146,818	20,679,327	76.18%	23.82%
Brasil	2010	135,804,433	111,193,747	81.88%	18.12%
Chile	2009	8,285,186	7,264,136	87.68%	12.32%
	2010*	8,285,186	7,203,371	86.94%	13.06%
Colombia	2010	29,983,279	14,781,020	49.30%	50.70%
	2010*	29,983,279	13,296,924	44.35%	55.65%
Venezuela	2006	15,417,127	11,542,841	74.87%	25.13%
	2012	18,085,935	15,176,253	80.48%	19.52%
México	2006	71, 700, 000	41, 791, 322	58.29%	41.71%
	2012	77, 738, 494	49, 087, 446	63.14%	36.86%
Promedio	-	-	-	76.90%	23.10%

Fuente: Consejos e Institutos Electorales de los Países (fecha de consulta marzo de 2011)

4. Comentarios finales

El uso de las nuevas tecnologías en los procesos electorales posibilitan una mejor comunicación entre los partidos y sus candidatos con los ciudadanos, así como generan condiciones para el fortalecimiento de las libertades de opinión, organización, debate y discusión de los asuntos públicos por parte de los electores y las diferentes formaciones políticas.

De hecho, el desarrollo tecnológica ha posibilitado el hacer más accesible los procesos políticos a los ciudadanos, dando origen a lo que se conoce como la ciber democracia. Es decir, una recuperación y construcción de capital social por medio del uso de las nuevas tecnologías, haciendo más directa y expansiva la participación ciudadana en la toma de decisiones políticas y a la vez aumentando la transparencia y la confiabilidad (Arterton, 1987; Grossman, 1995; Holmes, 1997; Davis, 1999; y Tsagarousianou et al., 1998).

Sin embargo, en el caso de América latina, a pesar del creciente uso de las nuevas tecnologías de la información y las comunicaciones, la calidad de la democracia no ha mejorado sustancialmente, presentándose un gran déficit de credibilidad y confianza de los ciudadanos respecto de la clase política y sus instituciones. De hecho, como se observó en los gráficos y cuadros precedentes, la participación ciudadana en los comicios en los países donde no es obligatorio el sufragio y donde no hay sanción en contra de los electores que deciden no participar en los procesos electorales, no ha aumentado y el abstencionismo ronda el 40 por ciento.

La calidad del debate público tampoco ha mejorado sustancialmente y el desprestigio de los partidos políticos sigue en aumento en esta importante región. De hecho, tal parece ser que las cibercampañas han debilitado al sistema de partidos políticos, ya que a través de los nuevos dispositivos tecnológicos los candidatos pueden comunicarse con los electores sin la necesidad de la intermediación partidista.

De la misma forma, sigue predominante una cultura política con prácticas propias de un sistema semi-autoritario, como la compra y coacción del voto; el nivel de institucionalización de los partidos políticos es endeble y no se ha aumentado sustancialmente el nivel de calidad de vida de una gran parte de la población Latinoamérica. Por el contrario, la pobreza, el desempleo y los niveles de inseguridad son altos.

Bibliografía

Arterton, C. (1987) *Teledemocracy: Can Technology Protect Democracy?* London. Sage.

Canela, L. J. (2003). *La Gestión por Calidad Total en la Empresa*, España, 2003.

Cansino, C. (2002). *La Transición Mexicana 1977-2000*, editorial, CEPC: México.

CESOP *"Democracia y participación ciudadana"* LXI Legislatura Cámara de Diputados, Abril del 2011.

Consulta Mitofsky, México: confianza en instituciones encuesta nacional en vivienda, Agosto 2012.

Corporación Latinobarómetro Informe 2010

Crosby P. (1996). Reflexiones sobre la Calidad. Ed. Mc Graw Hill, 2o. Edición, México.

Dahl, R. A. (1956) A *Preface of democratic theory, Chicago*: University of Chicago Prees.

Davis, R. (1999). *The Web of Politics. The Internet's Impact on the American Political System*. New York. Oxford University Press.

Deming, W. (1989). Calidad, productividad y competitividad,, Ed. Dias de Santos, España.

Grossman, L. (1995) *The Electronic Republic*. New York. Penguin Books.

Holmes, D. (1997). *Virtual Politics. Identity and Community in Cyberspace*. London. Sage.

José Thompson, *"Participación y abstención electoral. Implicaciones para las autoridades electorales"* Abril 2010

Juran, J.M. (1951). Manual de Control de Calidad, Ed. Mc Graw Hill, New York.

Tsagarousianou, R. (1998). TAMBINI, Damian and BRIAN, Cathy (eds.) *Cyberdemocracy: Technology, Cities and Civic Networks*, London.

Latinobarómetro 2007, en www.latinobarometro.org fecha de consulta, 29 de septiembre del 2007.

Municio, P. (2004). El *Nuevo Concepto de Calidad*, España: Universidad Complutense de Madrid.

O´Donnell, G. (1979). *Modernization and bureaucratic-authoritarianism: Studies in South American politics,* Berkeley: University of California press.

Sánchez, S. J. (1991). *La transición incierta*, editorial Vuelta, México.

Seligson, M. A. & Malloy, J.M. (1987). *Authoritarians and democrats: Regime transition in Latin America*, Pittsburgh: University of Pittsburgh Press.